4·16구술증언록 단원고 2학년 4반 제4권

그날을 말하다

동혁 아빠 김영래

이 도서의 국립중앙도서관 출판예정도서목록(CIP)은 서지정보유통지원시스템 홈페이지(http://seoji.nl.go.kr)와
국가자료공동목록시스템(http://www.nl.go.kr/kolisnet)에서 이용하실 수 있습니다.
CIP제어번호: CIP2019009408

4·16구술증언록 단원고 2학년 4반 제4권

그날을 말하다

동혁 아빠 김영래

4·16기억저장소 기획 편집
(사) 4·16세월호참사가족협의회 지원 협조

일러두기

1. 음절로 식별 가능한 소리를 들리는 대로 전사하는 것을 원칙으로 한다.

2. 의미를 파악하기 위해 추가 설명이 필요할 경우 [ ]로 표시한다.

3. 몸짓, 어조 등 비언어적 행위는 ( )로 표시한다.

4. 구술자가 말을 잇지 못해 말줄임표를 사용하는 경우 ……, …로 길고 짧음을 표시한다.

5. 비공개 영역은 〈비공개〉로 표시한다.

6. 비공개해야 하는 희생자 형제자매의 이름은 ○○, △△ 등의 도형기호로, 생존자의 이름은 A, B, C 등 알파
   벳 대문자로 표시한다.

7. 비공개해야 하는 제3자는 직분이나 소속, 성만 공개하고, 이름은 ××로 표시한다. 비공개해야 하는 숫자는
   자릿수에 상관없이 □로 표시하며, 지명은 □□로 표시한다.

책머리에

4·16기억저장소에서는 세월호 참사 5주기를 맞아 구술증언 수집 사업의 결과물 일부를 100권의 책으로 발간하게 되었습니다. 이 사업은 2015년 6월부터 다양한 학문 분야 구술 연구자들의 자발적인 참여로 진행되어 왔으며, 세월호 참사를 좀 더 정확하고 다각적으로 기록하고 기억하고자 하는 노력의 일환으로 수행되었습니다.

2014년 참사 발생 이후, 참사 피해자들의 목격담과 경험은 안타깝게도 공식적인 국가기관과 언론의 기록 속에서 철저히 소외되거나 왜곡되었습니다. 그것은 세월호 참사가 우리에게 안긴 죽음과 고통의 충격만큼이나 우리 사회의 끔찍한 비극이었습니다. 따라서 사업을 진행하면서 세월호 참사 희생자 가족, 생존자, 생존자 가족, 어민, 잠수사, 활동가, 기자 등등, 참사의 초기 과정을 직접 경험한 분들의 증언을 우선적으로 수집했습니다. 구술자는 이 사업의 취

지와 방식에 개인적으로 동의한 분 중에서 선정했으며, 참여 과정에 어떠한 금전적 보상이나 이익이 제공되지 않았습니다. 또한 구술증언 수집 사업을 진행하는 동안, 면담자는 연구자이자 참사를 겪은 공동체 시민으로서 최대한 윤리적이고자 노력했습니다.

구술자마다 매회 약 2시간씩 3회를 원칙으로 음성 녹취와 영상 촬영을 하는 방식으로 진행되었고, 증언의 일관성을 확보하기 위해 면담자는 큰 틀에서 공통 질문지를 사용했습니다. 공통 질문지의 내용은 참사와 구술자 간의 관계성에 따라 차이가 있지만, 유가족 구술의 경우 1회차 '참사 이전의 삶, 팽목항과 진도에서의 경험, 자녀에 대한 기억'을, 2회차 '참사 이후 투쟁과 공동체 활동 경험'을, 3회차 '참사 이후 개인 및 가족이 경험한 삶의 변화와 깨달음, 자녀의 현재적 의미'를 중심으로 했습니다. 이처럼 증언 내용은 참사 이전에서 시작해 참사 발생 당시의 경험과 이후의 변화 과정까지 폭넓게 수집했고, 면담자는 구술 채록 과정에서 구술자의 발화를 최대한 존중하고자 했으며, 무엇보다 각자의 특수한 경험과 다른 시각을 충실히 반영하고자 했습니다.

이 구술증언록의 발간을 위해, 채록된 음성 자료는 문서로 변환해 구술자와 함께 검토했고, 현재 시점에서 공개할 수 있는 영역과 할 수 없는 영역으로 구별했습니다. 따라서 책에 실린 내용은 모두 구술자로부터 공개를 허락받은 부분입니다. 비공개 영역은 추후 구술자의 동의를 받아 적절한 절차를 거쳐 추가로 공개될 수 있으리라 생각합니다.

이 구술증언록 100권에는 그동안 우리 사회에 왜곡되어 알려지거나 잘 알려지지 않았던, 참사 발생 직후 팽목항과 진도 혹은 바다에서의 초기 상황에 관한 중요한 증언이 포함되어 있습니다. 또한, 자녀를 잃는 잔인하고 애통한 상황을 겪으면서도 그 누구보다 강인한 정치적 주체로 성장할 수밖에 없었던 유가족의 마음과 경험을 구체적으로, 그리고 여러 각도에서 살펴볼 수 있습니다. 그 외에도, 이 구술증언록은 2014년을 전후한 한국 사회의 여러 측면을 드러내는 귀중한 자료가 되리라고 생각합니다. 무엇보다 국내외의 많은 분이 이 책을 읽어, 장차 세월호 참사의 진상 규명과 역사 서술에 기여할 수 있기를 바랍니다.

구술증언 수집 사업이 진행되고, 책으로 출간되기까지 많은 분의 도움과 지지가 있었습니다. 이 지면을 빌려 부족하나마 감사의 말씀을 전하고자 합니다.

먼저 (사)4·16세월호참사가족협의회와 4·16기억저장소에 감사를 드립니다. 이분들의 신뢰와 적극적인 협조가 없었다면, 이 사업은 처음부터 시작할 수조차 없었을 것입니다. 또한 어려운 정치 환경 속에서도 사업의 취지에 공감해 재정 지원을 결정해 준 아름다운가게와 역사문제연구소에 감사드립니다. 두 단체 덕분에, 이 사업을 4년 동안 계속해 올 수 있었습니다. 그리고 구술증언록 100권의 발간에 동의하고, 바쁜 일정에도 출판 실무를 기꺼이 맡아주신 한울엠플러스(주)에도 감사를 드립니다. 이 외에도 많은 개인과 단체가 직간접적으로 많은 도움을 주시고 격려해 주셨습니다. 여기에 모두 밝히지 못하는 것을 죄송하게 생각합니다.

　말할 필요도 없이, 가장 크고 또 가슴 아픈 감사는 구술자 한 분 한 분께 드리고자 합니다. 이 책이 발간될 수 있었던 것은, 무엇보다 용기를 내어 아픔과 고통의 기억을 다시 떠올리고 장시간 진심으로 이야기를 해주신 구술자가 있었기 때문입니다. 오랜 시간 이야기를 나누며 함께 공감하기도 했지만, 그 아픔과 고통을 어떻게 가늠할 수 있을까 싶습니다. 더 큰 도움이 되지 못함을 안타까워하며, 이 구술증언록 100권의 발간이 피해자분들에게 조금이라도 위로가 될 수 있기를 기원합니다.

2019년 4월

4·16기억저장소 구술팀 책임자

서울대학교 인류학과 교수 이현정

차례

■ 1회차 ■

동혁 아빠 김영래

구술자 김영래는 단원고 2학년 4반 고 김동혁의 아빠다. 웹디자이너를 꿈꾸었던 동혁이는 아빠를 닮아 착하고 감수성이 풍부한 아이였다. 세상 사람들이 세월호 참사를 잊지 않을 수 있도록 그리고 진상 규명을 앞당길 수 있도록, 아빠는 4·16합창단 활동에 열심히 참여하면서 앞으로 억울하고 힘든 사람들을 위해 살아갈 미래를 기약한다.

김영래의 구술 면담은 2016년 1월 8일, 19일, 2월 2일, 모두 3회에 걸쳐 총 5시간 25분 동안 진행되었다. 면담자는 김익한, 촬영자는 김은실·이예성이었다.

구술자 본인의 프라이버시나 제3자의 프라이버시를 보호해야 할 부분을 제외하고는 구술자의 발화를 있는 그대로 전사했다.

1회차

2016년 1월 8일

1
시작 인사말

면담자   본 구술증언은 4·16 사건에 대한 참여자들의 경험과 기억을 기록으로 남김으로써 이후 진상 규명 및 역사 기술에 기여하고자 합니다. 지금부터 김영래 씨의 증언을 시작하겠습니다. 오늘은 2016년 1월 8일이며, 장소는 안산시 단원구 4·16기억전시관입니다. 면담자는 김익한이며, 촬영자는 김은실입니다.

2
태생과 안산으로의 이주

면담자   아버님, 오늘 여러 가지로 어려움이 있으심에도 불구하고 이 중요한 구술증언에 응해주신 것 먼저 감사의 말씀드리고요. 오늘은 저희가 1, 2, 3차 구술 중에서 1차 구술을 시작을 하는 날입니다. 해서 우선 4·16 이전의 삶에 대해서 우리가 한번 이야기를 나눠볼 것인데요. 어떠십니까? 우선 어디에서 태어나셨는지부터 해서, 하실 수 있는 이야기를 해주시면 좋을 것 같습니다.

동혁 아빠   저는 경기도 포천군 관인면에서 태어났고요. 그냥 2남 2녀의 둘째로 태어났고… 어… 평범한 삶을 살다가 제가 좀 많이 힘든 시기가 인제 중학교 3학년 때에, 저희 아버님이 이북 분이시거든요. 그러다 보니까 [아버님] 10살에 6·25가 나가지고 [저희 집이] 좀 경제적으로 좀 많이 어려웠어요. 그러다 보니까 부모님 두 분이 저를 앉혀놓고 고등학교를 못 보내주겠다고 말씀을 하시더라고요. 처음에 그래서 상당히 많이 놀랐죠. 제가… 형은 고등학교 다니고 있는데 저는 고등학교를 못 보내준다는 말을 하시니까…. 좀 상처를 많이 받은 상태에서 저 스스로가 고등학교는 가야 하는데 어떻게 가야 될까 생각을 하다가, 인제 그 시골에 있는 고등학교를 못 들어가고, 인문계라서 의정부에 있는 이제 의정부고를 들어갔어요.

장학금을 받고 그래서 이제 졸업을 잘했는데 워낙 뭐 그때 그 생활 자체가 어려웠으니까… 더군다나 이제 제가 고3 때 아버님이 고혈압으로 쓰러지셔서 가지고 사경을 한 2개월 헤매다가 겨우 인제 살아나셨는데, 제가 고등학교에서 3학년 1학기 때, 7월 달부터 제가 아마 취업을 나갔던 걸로 기억을 합니다. 그때부터 일을 해서 군대 가기 한 4월 전까지 제가 일을 하다가 인제 군대에 갔고… 군대에 있을 때 인제 아버님이 돌아가셨거든요.

그래서 좀… 많이 그게 제일 좀 제가 한으로 남아 있던 상태였는데…. 그 제대하고 인제… 고등학교 담임선생님이 결혼하셨다 하셔서가지고, 인사차 인사드리러 갔다가 지금 다니는 회사에 시험을 한번 보면 어떻겠냐 하고 선생님이 말씀하셔서 가지고 시험을 보게 됐죠. [시험을] 보게 되고 공채 20기로 제가 서울우유에 입사를 했고. 처음에 저희 같은 경우에는 공장이 그때 당시에 3개 공장이 있었고 본사가 있었는데, 저는 양주 공장으로 지원을 했는데 티오

[참여 가능 인원가 거의 다 차가지고 안산으로 발령을 받아서 안산으로 오게 되었습니다.

면담자   안산으로 오신 게 연도가 어느 정도 되십니까?

동혁 아빠   안산 온 게 95년… 5월 달 정도 됐을 겁니다. 아, 참 2월이다, 2월이요.

면담자   그러면은 고3 때부터 하셨던 일의 구체적인 내용이랄까, 그거는 주로 어떤 분야였어요?

동혁 아빠   아, 저는 용접하고 공작기계, 밀링 선반. 제 전공은 용접이었구요.

면담자   안산에 오신 이후의 삶에 대해서 편하게 말씀을 나누어주시면 좋겠습니다.

동혁 아빠   안산에 와서 혼자 자취생활을 하다가, 아버님이 돌아가시면서, 인제 교통사고로 돌아가서 가지고 인제… 보상금을 조금 받은 게 있었는데 그 돈으로 어머님이 서울에다가 집을 사셨어요, 고모 집. 그래서 어머님은 인제 서울에 올라오시기 싫다 그래 가지고 그 집을 지키려는데, "그럼 니가 좀 지켜주면 안 되겠니" 해가지고 제가 안산에 한 1년 있다가 서울 수유리에서 출퇴근을 한 거죠.

한 1년 넘게… 그러다가 음… 동혁이 친모 만나서 97년 1월 18일 날 결혼했고요. 그리고 그해 97년 5월 달에 다시 안산으로 [왔어요]. 너무 힘들어 가지고 다시 안산으로 인제 이사를 오게 됐습니다.

3
초기 결혼생활

면담자   뭐 결혼하실 때 어땠어요? 어떻게 만나셨어요?

동혁 아빠   (한숨) 어떻게 만났냐면 (웃으며) 음… 제가 인제 고등학교 다닐 경우에 남학생, 여학생 많이 어울려 다니잖아요. 근데 그중에 한 여학생이 저를 많이 좋아해 가지고 음, 그 친구를 인제 만나는 중에, 제 기억으로는 아마 95년 12월 24일로 기억을 합니다. 갈 데 없으면 자기랑 어딜 같이 가자고 그러더라고요. 얘기를 안 해요, 어디인지에 대해서는 얘기를 안 해요. 근데 교회를 데려가더라고요, 저한테[저를]. 그 교회를 나갔는데… 동혁이 엄마… 그… 친모… 동혁이 친모가 그 자리에 있어서 인사를 시켜주면서 그렇게 돼서 만나게 됐죠.

〈비공개〉

동혁 아빠   살아가면서 제일 힘들었던 부분이, 결혼을 해서 살아가면서 제일 힘들었던 부분이… 그니까 이렇게 저는 외벌이를 했거든요. 한 번도 인제 동혁이 친모는 일을 한 적이 없어요. 그런 상황이었는데, 제가 인제 예를 들어서 회식이라든가 어떤 모임이 있으면 [그런 데에 가는 거를] 상당히 반대를 많이 했던 사람이고요.

그래서 그때는 제가 술을 안 마셨죠. 왜냐면 인제 동혁이 친모 같은 경우에는 신앙심이 굉장히 강한 사람이거든요. 저는 사실 그런 거[신앙생활]를 많이 [안 했어요]…. [그런데 동혁이 친모는] 신앙심이 강하다 보니까 좀 이해를, 배려를 많이 해줄 줄 알았어요. 저는 제 스스로가… 왜 저희 때는 그 뭐 하나님 뭐 교회 다니는, 하나님 믿는다고 하면은 왜 포용력이 되게 넓을 줄 알았던…. 그 저만의 착각이었지만 그런 사람일 거라는 생각을 했는데 전혀 아니더라고요. 〈비공개〉

면담자   그래서 결국은 헤어지신 게 그럼 몇 년쯤이세요?

동혁 아빠   처음 헤어진 거는 2002년도요. 2002년도에 처음 너무 힘들어 가지고 헤어졌다가… 인제 2003년도가 됐는데 동혁이가 2003년도에 7살이었잖아요. 근데 제가 인제 애가 학교를 들어가야 되니까… 한 부모 가정이라는 어떤 그런 타이틀을 제가 주고 싶지 않았어요. 그래 가지고 사는 데를 알고 있었으니까 제가 계속 찾아갔죠. 찾아가 가지고 "내가 좀 더 양보할 테니까 애들 생각해서 다시 살자" 그래 가지고 2002년도 10월 달에 헤어졌다가 2003년도 봄쯤인가… 5월인가 6월 달에 다시 했으니까[합쳤으니까]… 그닥 오래 저기 하진 않았죠. 〈비공개〉

4
동혁 엄마와의 만남

면담자　　제가 동혁 아버님 좀 봐오면서 느낀 건데, 아버님이, 뭐라 그래야 되나, 좀 소년 같다고 할까요?

동혁 아빠　　제가요?

면담자　　그런 이미지가 제가 좀 있어서, 굉장히 감성적이시고….

동혁 아빠　　예예. 제가 좀 그렇습니다.

면담자　　그래서 그런 그 동혁 아버님의 성격에 대해서 본인이 어떻게 생각하시는지도 조금 말씀해 주시면 좋겠습니다.

동혁 아빠　　글쎄요. 뭐 저보고 제 성격을 말하라 그러니까… 저 같은 경우에는 운동을 굉장히 좋아하다 보니까 지금은 그게 많이 줄었는데, 승부욕이 굉장히 강했어요. 약간 지기 싫어하고 그렇다고 뭐 남한테 피해주는 그런 성격은 아니고요. 저는 동혁이나 ○○이를 키우면서 항상 했던 말이 "어른들 공경해야 된다"[라는 것과] 거짓말[하지 말아야 된다는 거였어요]… 그거는 제 욕심이었겠죠. 거짓말 안 할 수가 없는데, 그냥 "거짓말 안 했으면 좋겠다" 그런 식으로 해서 아이들 키우다 보니까, 저도 비슷합니다.

솔직한 거 좋고 숨기는 거 별로 안 좋아하고, 잘못한 거 있으면 잘못했다고 얘기하고… 그런…. 되게 운동을 좋아하다 보니깐 시간 되면은, 예를 들어서 뭐 스쿼시를 한다거나, 축구를 한다거나, 그런 어떤 그런 성격이에요. 그리고 친구들 모임 같은 거 가지면 제가 좀 이렇게 리드를 하는 성격이죠. 그니까 친구들 여섯, 뭐 일고여덟 명이 모여 있으면, "야, 오늘 우리 뭐 하러 가자"라든가 그런 거를 했었죠, 제가 주로….

면담자　그리고 그다음에는 동혁이 친모 얘기가 나와서, 동혁이 엄마 만나신 얘기도….

동혁 아빠　아, 지금 집사람이요?

면담자　네. 뭐 길진 않아도 될 거 같은데….

동혁 아빠　〈비공개〉 [살던 집의 전세를 빼려고] 집을 내놓는 과정에서 그 저희 집 앞에 '큰언니부동산'이라고 집사람이 언니 둘하고 [하던 부동산에 그 집을] 내놓은 거였어요. 집사람이 〈비공개〉 그냥 그 부동산은 언니들이 하게 놔두고 본인은 또 부곡동에다가 부동산을 낸 거예요. 근데 인제 큰언니가, 지금 큰처형이 되게 저한테 잘해줬어요. 그 저희가 인제 전셋집을 내놓은 상태에서 그 집이 경매로 넘어가는 뭐 이렇게 뭐 좀 복잡한 그런 상황이었어요. 근데 제가 인제 그 돈을 전세금 안 날려먹게 어떻게 어떻게 하라, 어떻게 하더라 조언을 해주셔 가지고 제가 그 전세금을 지켜서[잘 지킬 수 있었어요]. 〈비공개〉 그러다 보니까 인제 너무 고맙잖아요.

그래서 제가 한번 인사드리러 갔다가, 한동안은 이제 저도 아이들 데리고 살려니까 힘들어 가지고 잊어먹고 있다가… 2012년

7월 달이었을 거예요, 7월, 7월. 집사람 처음 만난 게 7월 7일이었는데, 전화를 했더니만 이제 집사람이 받은 거예요. 그래 가지고 "아 저 누구 누군데 혹시 사장님 계십니까?" 그랬더니 집사람한테 처형이 얘기를 많이 한 거예요, 제 얘기를. "괜찮은 젊은 아빠인데 애들하고 어렵게 산다, 서울우유 다니면서", 뭐 그런 얘기를 막 하셨나 봐요. 그니까 집사람도 호기심이 좀 있었다 그러더라고요. 근데 이제 아무래도 나이 차이가 나다 보니까 섣불리 본인이 다가설 수 없는 그런 상황이었는데, 언니가 부산을 내려가셨다는 거예요. 그러면 "제가 인제 음료수라도, 저희 인제 저희 회사 제품 음료수라도 그럼 좀 갖다드리겠다"[고 했어요]. 그 7월 7일이 토요일로 기억을 해요. 제가 2012년 7월 7일에 간 거죠.

선부동 그 큰언니부동산으로 갔는데, 둘이 앉아서 얘기하다 보니까 갑자기 그 동네 할머니가 자기네 집 하수구가 막혔다[며] 물이 넘친다고 좀 가자는데, 집사람이 그때 뭔 생각이었는지 모르겠는데 저보고 "같이 가자" 그러더라고요. 갔죠, 갔는데… 원인을 아니까 저는 수리를 해드렸어요. 그게 집사람은 되게 긍정적으로 봤나 봐요, 저를. 그리고 나서 자연스럽게 그냥 "저녁때 뭐 하십니까?" 해가지고, "저녁 먹읍시다" 그게 이제 처음 만난 계기가 된 거죠. 저녁을 먹으면서 인제 술 한잔하면서 얘기도 많이 하고.

면담자   뭐 첫날 거의 만리장성을 쌓으셨네(웃음).

동혁 아빠   그렇죠. 예(웃음). 그리고 그다음 날 바로 집사람 아들내미 오라 그래 가지고 인사 바로 시키더라고요. 그리고 그다음 날에 주말, 저기 일요일 날이었으니까… "뭐 할 거냐?" 그래서 "교회 가야 되는데 못 갈 거 같다" 그랬더니 그럼 자기 다니는 교회[에] 가재요. 그러고 갔다가 아들내미 와갖고 탁구 한번 치자고 해서 탁구 치고 뭐 그러다 보니까, 그 아이도 역시 또 되게 좋아하는 거예요. 걔도 그렇게 잘은 못 하는데 운동을, 관심이 많더라고요, 운동에. 그리고 나서 아이하고 탁구, 배드민턴, 볼링, 뭐 포켓볼 다 치고 이제 게임 내기도 하고 막 그러면서 굉장히 가까워진 거죠. 그니까 바로 이제 집사람이 "굳이 이제 두 집 살림할 필요 없지 않냐?" 그래서… 합치게 된 거죠. 〈비공개〉

5
동혁 엄마와의 새 생활

면담자   동혁이 어릴 때 얘기를 조금 했으면 좋겠는데요.

동혁 아빠   동혁이요?

면담자   그러니까 지금까지 나오는 얘기 중에서 동혁이 친모와의 관계에서의 동혁이의 어려움이 있었을 테고, 그리고 중학교, 고등학교 지내면서 이제 동혁이에게 변화가 있었을 거고요.

동혁 아빠   그렇죠. 굉장히 많이 변했죠.

면담자   네. 그래서 동혁이 어릴 때부터 중·고등학교 때까지 이야기를 이어서 말씀해 주시면 됩니다.

동혁 아빠   어렸을 때부터요?

면담자   네.

동혁 아빠   저희 아이들 같은 경우에는 인제 동혁이도 마찬가지고 ○○이도 마찬가지고, 제가 인제 젖병을 새벽에도 제가 물려주고 항상 잠잘 때 제가 안고 재우고 그랬던 아이들이다 보니까, 어디 이렇게 뭐 가족끼리 외식이라든가 외출 나갈 일 있을 때 항상 아이들이 오른쪽에는 동혁이가 제 손을 잡고 왼쪽에는 ○○이가 제 손을 잡고 다녔어요. 〈비공개〉 그 정도로 뭐 굉장히 좋아했죠, 저를 아이들이….

동혁이 같은 경우에는 말을 걸더라도, 집사람이 처음 딱 보고 동혁이한테 한마디 했어요, 천사라고. 동혁이 천사라고…. 그니까 항상 집에서는 이렇게 좀 뭐 이렇게 지저분하게 널려져 있으면 그 손으로 항상 이렇게 주워가지고 정리를 해요, 아이가. 그럴 정도로… 근데 친모랑 있을 때는 사실 굉장히 주눅이 들어 살았죠. 왜냐하면 저랑 이렇게 말다툼이 일어났다거나 아니면은 이렇게 좀 부부싸움을 했다 그럼 그 모든 화들이 다 아이들한테 가는 거예요. 근데 동혁이 같은 경우에는 다른 아이랑 똑같았… 똑같잖아요, 그 나이 때 남자애들 특히 게임 좋아하고, TV 보는 거 좋아하고… 〈비공개〉

동혁이[한테]는 사실 제가 집사람하고 살면서 물어봤어요, 한 번… "동혁이 너는 니 낳아준 엄마 안 보고 싶냐?"고. 〈비공개〉 제가 동혁이한테 한마디 했었어요. "지금은 아빠가 너를, 엄마를 만나게 할 순 없다. 대신에 니가 20살이 넘으면 그때는 니가 만나고 싶으면 만나는 거고 만나기 싫으면 안 만나는 거다. 그때는 니가 선택해서 결정을 해도 된다"고. 항상 그 동혁이 같은 경우는 뉘앙스가, 보고 싶어 하는 뉘앙스 있잖아요. 그렇게 맞고, 갇히고, 치이고 했는데도 불구하고 동혁이는 이제 그런… 그니까 성격이 인제 동혁이가 저를 많이 닮았어요, 그런 부분에서는. 굉장히 동혁이도 감성적이었죠.

면담자   중학교 때는 동혁이가 뭐 제일 좋아했어요?

동혁 아빠   그때 한참 그 저기 게임이요, '스타크래프트'. 그거 프로게이머 된다고. 그래서 제가 하지 말라 소리는 안 했고, 그냥 "하는 거야 좋다. 그래도 니가 지금 중학생이니까 공부해 가면서 해라" [했지요]. 근데 그 제가 지금도 제가 한이 되는 게, 되게… 저희 동혁이가 항상 그랬거든요. 아빠랑 스타크래프트 게임 한번 해보는 게 소원이라고. 근데 저 같은 경우에는 게임을 진짜 싫어하거든요. 그래서 제가 그걸 못 해줬어요. 그게 제일 한이 되죠.

그 정도… 중학교 3학년 때인가는 뭐 일하고 있는데 전화가 왔어요. 그래서 전화를 딱 받았는데, 동혁이 담임선생님, 3학년 때 담임선생님한테 전화가 왔더라고요. 동혁이 아버님이시냐. "예, 맞습니다" 그랬더니. "동혁이한테 상을 주려고 그러는데 괜찮겠냐?" [하시는 거예요]. "어떤 상을 주시려고 그럽니까?" 그랬더니 선생님이 교무실에서 이렇게 운동장 한번 내다보셨나 봐요. 근데 이제 저희 동혁이가 휴지를 줍고 있더래요. 선행상을 주고 싶다고. "아유, 그럼 뭐 선행상 주신다는데, 뭐 저야 감사하죠" 이렇게 하고 전화를 끊었었거든요. 그 정도로 제가 항상 했던 게 "휴지를 아무데나 버리지 마라. 어른들 보면 두 번 보든 세 번 보든 인사해라. 그리고 어른들한테 절대 반말하지 마라. 존댓말 해라", 제가 그거만큼은 아이들한테 어렸을 때부터 얘기를 했었거든요.

면담자   운동은 많이 안 좋아했어요? 동혁이는?

동혁 아빠   예. 그거는 저를 안 닮은 거 같습니다. 근데 제가 가끔씩 초등학교 다닐 때 제가 인제 운동장을 데리고 나갔어요. 그래 가지고 공을 차게끔 했는데 잘은 못 차는데 되게 자랑스러워했죠, 아이가. 그니까 우리 아빠는 공도 잘 차고 운동회 같은 경우에 제가 뭐 계주도 나가서 뛰어보기도 하고 젊으니까, 일단 운동에는 자신 있었으니까. 그런 거에 동혁이가 되게 좀 뿌듯… 뿌듯하다기보다는 자랑스러워했죠, 저를. 그런 부분에 있어서는….

면담자   고등학교생활도 조금 이어서 얘기를 더했으면 합니다.

동혁 아빠   고등학교생활을 제가 말씀을…… 너무 애가 그냥 얼굴에 '행복하다', '행복'이라는 단어가 딱 떠오를 정도로 집사람 만나고 나서 정말 밝아졌어요. 밝아지고… 그 전에는 지 동생 챙겨야 되니까 친구들을, 따로 만날 친구가 없었어요. 그 만나 봐야 인제 그 공부방, 그 교회에서 운영하는 공부방 있잖아요. 거기 나가서 그냥 보는 애들이 전부 다였거든요. 근데 고등학교 올라오면서 집에 엄마라는 존재가 생기다 보니까 친구도 많이 생기고, 그다음에 인제 저희가 동혁이 1학년 때 저희가 귀가도우미를 해줬어요, 집사람하고 저하고.

이게 보통 다른 애들은 야자[야간 자율학습] 거의 끝날 시간에 저희가 가서 끝나면 귀가도우미 하고 오고 했거든요. 근데 다른 애들은 이렇게 엄마, 아빠[가] 이렇게 아는 척하고 그러면 일부러 막 피하고 그러는데, 저희 동혁이는 자랑을 하는 거예요. "야, 저기 우리 엄마, 아빠 오셨다"고, [부모님한테] 인사하라고…. 근데 가장 제가 안타까운 게 뭐냐면, 1학년 때 친했던 아이들, 2학년 때 친했던 아이들[이] 다 희생이 된 거예요. 동혁이랑 친했던 아이들은 하나도 안 남은 거예요. 고등학교 때 친했던 아이들….

면담자   동혁이가 고등학교 때는 주로 뭐 하고 놀았어요?

동혁 아빠   집사람이 책을 많이 읽게 해가지고, 뭐 저는 일부러 그 주말 되면은 동혁이한테 "집에서 빈둥빈둥거리지 말라고, 나가서 뭘 하든 [해라]" 그러면은 동혁이 같은 경우는 도서관을 다녔었더라고요. 도서관을 다니고 틈만 나면, 또 고등학교 때는 그림이요, 만화 그림, 만화 그림 많이 그리고. 공부하라고 그러면은 밑에

다 깔아놓고 그림 그리고 공부 잘 안 하고 그러다가, 이제 2학년 올라가서 제가 동혁이한테 "공부해야 되는 거 아니냐. 니 목표를 좀 가졌으면 좋겠다" 그래 가지고 고등학교 2학년 올라가서 우리 동혁이가 딱 저한테 하는 얘기가 목표가 생겼다고….

자기는 "형이 다니는 원광대학교[에] 들어가고 싶다" 그래 가지고 제가, "너 원광대학교 들어가려면은 최소한 4등급은 돼야 된다. 그럼 너 지금 몇 등급이냐?" 그럼 예를 들어서 뭐 7등급이라고 얘기를 하는 거예요. "그러면은 네가 더 노력해야 되지 않냐?" 그래서 2학년 올라가서부터는 지 스스로가 야자 끝나고 집에 오면은 상 펴놓고 공부하고 그랬었거든요, 동혁이가….

6
동혁이와 함께했던 시간들

면담자   지금 동혁 아버님이 말씀에 동혁이에 대한 사랑이 아주 강하게 느껴지는 그런 말씀이셨거든요. 동혁이랑 그 사랑을 나눈 거랄까 뭔가 재미있었던 그런 에피소드. 휴일에 뭘 했다든지 뭐 그런 거 있으면 한두 가지 좀 소개를 해주시죠.

동혁 아빠   저 같은 경우에는 동혁이 낳고 한 번도 안 거르고 항상 휴가를 바닷가로 갔어요. 항상 바닷가로 휴가를 갔는데… 2013년도죠. 이제 집사람 만나고 동혁이, ○○이 데리고 거제도, 저희… 하계휴양소가 있어 가지고 거길 2박 3일 갔다 오고. 집사람이 부산이 고향이다 보니까 부산 들러서 또 친구네 집에서 하룻밤 더 자고 올라왔을 때….

글쎄요. 제일 기억에 남는 거 그거… 그것보다는… 에피소드라고 해야 되나. 제가 처음 가슴 아픈 또 얘긴데, 이게… 1학년 때일 거예요. 아마… 아마… 아니다, 아니다… 2014년도 1월 달 정도 됐을 거예요. 아마… 주말이었는데 도서관을 간다 하고 나갔어요, 얘가. 근데 느낌이 이상할 때가 있잖아요. 아무래도 동혁이가 도서관에 안 간 거 같은 거예요. 그래서 제가 인제 도서관을 다 다녔어요. 진짜 없는 거예요, 아이가. 그냥 느낌에 '아, 이 녀석 분명 PC방 갔을 거다' [싶은 거예요]. PC방, 동네 PC방을 다 다녀도 없는 거예요. 그러고 나서 밤 10시가 넘어서 딱 들어오는데 제가 인제 모른 척하고 "너 어디 갔다 왔어?" 그러니까 "도서관 갔다 왔어요" 그러더라고요. "너 거짓말하지 말고 솔직하게 얘기해" 그랬더니 하는 소리가 동네 PC방 가면 또 엄마, 아빠한테 걸릴까 봐 아예 저 먼 PC방을 갔다 온 거예요. 근데 "왜 거짓말했어?" 그랬더니 막 핑계를 대죠.

근데 저도 참 그게 한이 되는데… 되게 그때 제가 화를 냈거든요. 화를 내면서 동혁이를 데리고 제가 공원묘지를 갔었어요, 버릇 고쳐준다고. 그 처음에는 이 중앙공원 위에 올라가면 묘지가 몇 개 있거든요. 거기 세워놓고 저는 뒤에서 보고 있었거든요. 밤 그때가 한 12시가 다 됐으니까. 한겨울이었잖아요, 1월 달이었으니까. 근데 잘 있는 거예요. 제가 더 화가 난 거예요. 그래서… 보통 이게 좀… 동혁이가 겁이 많았거든요. "아빠 제가 잘못했어요. 다신 안 그럴게요" 이런 말 할 줄 알았는데, 정말, 정말 잘 버티는 거예요, 아이가. 그래서 제가 더 화가 나가지고 다시 와동 공원묘지를 갔어요. 제일 꼭대기에 인제 올라가 가지고 또 거기다 세워놓고 제가 멀찌감치 해서 보고 있는데, 거기서도 또 잘 버티더라고요, 아이가. 그래 가지고 제가 더 이상 걔한테 뭐라고 못 하고… "너가 왜 아빠가 너한테 왜 이렇게 했는지 아냐?"고 그랬더니 얘기를 척척 하더라고요. 그래서… 니가 이렇게 이렇게 잘못했고, 거짓말했기 때문에 아빠가 너무 화가 나서 이랬다, 그랬더니 "아빠 죄송해요" 그래서 1시간 만에 제가 데리고 내려온 적이 한 번 있거든요.

근데 요즘도 가끔 동혁이 생각하면 그때 일이 떠오르는 거예요. 그니까 뭐 아까 교수님도 말씀하셨지만 사랑이 느껴진다고 하셨지만 저는 사실 동혁이한테 잘해준 게 없는 거예요. 실질적으로 보면은 저는, 제가 보는 관점에서는 항상 고생만 시키고 동생한테 치이고… 지 하고 싶은 거 못 하고, 아빠한테 혼나고, 엄마한테 혼나고, 그랬던 기억밖에 안 나는 거예요, 저는 동혁이가…….

면담자　　　말씀은 그렇게 하시지만 뭐 사람의 사랑이라는 게 꼭 물질적으로 표현되는 것도 아니고. 아버님 눈빛이 우리한테 잘 얘기를 해주고 계시고요. 어쨌든 한국에 입시지옥 체제에서 동혁이 공부시키는 거 또는 입시에 대한 정보라든지, 고2 때지만 뭐 그런 것들은 어떻게 얻으셨어요?

동혁 아빠   솔직하게 제가 말씀드리면 혼자 애들 키울 때는 사실 그냥 보면 "공부해야지"[라고 말하는] 정도였지 제가 정말 관심을 가지고 이렇게 돌보지 못했죠. 그러다가 집사람 만나면서, 집사람은 아무래도 대학을 나오다 보니까 공부해야 된다는 그런 생각을 되게 많이 가지고 있었던 사람이었기 때문에, 처음에는 공부하라 소리도 많이 하고 혼나기도 많이 혼났어요.

근데 최종적으로 동혁이가 2학년 올라오면서 저희가 생각한 게 그거였어요. "정말 쟤가 2학년 1학기 때까지도 공부 안 하면 지가 하고… 하고 싶어 하는 디자인 학원이라든가 웹디자인 학원이라든가 이런데 보내서 지 하고 싶어 하는 거 시키자" 그렇게 얘기가 됐고, 그것도 안 됐을 시에는 '동혁이 성품 정도면 목회자를 해도 괜찮겠다' 싶어 가지고 저희가 최종적으로는 목회자까지 생각을 했었던 거죠.

그래서 특별히 뭐 저희 같은 경우에는 좀 동혁이 엄마가 나타나고부터 그 공부에 대한 어떤 그런 어떤 체제를 지켰다고 해야 하나, 그런 스타일이었는데. 저 같은 경우에는 별로 이렇게 뭐 크게 '공부가 인생의 전부는 아니다. 공부보다 먼저 사람이 되어야 된다' 라는 그런 생각을 가지고 있던 사람이었기 때문에… 특별히 뭐 아이들한테 [뭐라 하지 않았어요]. 물론 지들은 스트레스를 많이 받았겠죠. 근데 제가 생각할 때는 크게 아주 뭐 스트레스를 많이 주는 스타일은 아니거든요.

면담자   지금 아버님 말씀을 좀 다른 방향에서 정리를 하면… 4·16이 일어나기 전에는 아이들을 가르치고 아이들을 훈육해서 공부 열심히 하게 하고 그게 좋은 교육인 줄 알았는데, 우리가 아이들을 잃고 나니까 아이들 스스로 생각하게 하고 원하는 것을 스스로 하게 하는 게….

동혁 아빠   맞습니다.

면담자   좋은 교육인 걸 우리가 알아버렸잖습니까?

동혁 아빠   예예. 맞습니다.

면담자   아버님이 그간 했던 교육이 동혁이가 더 빨리 성장할 수 있는 교육일 수도 있었을 거 같고요. 거기다가 아버님이 눈으로 사랑을 주셨으니까요.

동혁 아빠   (한숨)

7
직장일, 휴일 등의 생활

면담자   일하신 얘기도 이어서 듣고 싶습니다. 아주 젊은 나이부터 한 직장에서 계속 일을 하신 거네요.

동혁 아빠   그렇죠. 제대하고 바로 들어가서 지금까지 일을 하고 있으니까….

면담자   일하시는 거는 어떻습니까? 뭐 질문이 이상합니다만… 즐거우세요, 행복하세요, 고되기만 하세요?

동혁 아빠   일만 놓고 봤을 때는요. 저는… 교수님, 저는 어떤 생각을 가진 사람이냐면, 일은 아무리 힘들어도요, 사람들만 같은 마음으로 웃으면서 일할 수만 있다면 아무리 힘든 일이라도 저는 안 힘들다고 생각을 하는 사람이거든요. 근데 뭐 교수님도 저보다 연배가 훨씬 많으시지만 어느 다 집단을 가더라도 다 내 마음에 맞는 사람만 있는 건 아니지 않습니까? 그리고 꼭 좋은 분위기를 흐트러트리는 사람이 꼭 있잖아요, 한두 명은.

저희 회사도 똑같아요. 제가 일하는 그 파트도 마찬가지입니다. 그 사람이 없을 때와 그 사람이 있을 때 일하는 분위기는 하늘과 땅 차이예요. 그래서 많은 사람들이 그런 얘기를 하죠. "이 사람이 없으면 이렇게 재밌고 즐거운데… 힘든 일을 해도. 왜 이 사람만 있으면 이렇게 일도 힘들고 욕은 욕대로 먹고 뭐 하는 짓인지 모르겠다" 그렇다고… 그렇다고 그래서 그 사람을 왕따 시킬 수도 없는 거고 그 사람을 또 배제할 수도 없는 거잖아요, 그죠? 어차피 그 사람도 회사 월급 받으러 나온 사람인데…. 대신에 저희가 인제 얘기를 하죠. 이런 부분은 좀… 근데 뭐 50년 넘게 그러고 살아온 사람인데 하루아침에 바뀌겠습니까? 안 바뀌죠.

면담자   보통 퇴근 시간은 어느 정도셨어요?

동혁 아빠   저희가 예전에 동혁이랑 ○○이 데리고 살 때는 저는 야간이 한 달에 일주일씩 있었는데 인제 한 4, 5년 전부터는 아에 야간이 없어지고 공무원하고 똑같습니다. 9시에 출근, 6시에 퇴근하고 있습니다, 지금…. 그 주말에 쉬고….

면담자 　　　주말에는 주로 뭐 하고 지내셨어요?

동혁 아빠 　　　동혁이랑 ○○이만 데리고 살 때는 제가 그래서 되게 후회되는 게 사실 그런 부분입니다. 혼자 아이들을 키우… 키우다 보니까 인제… 술을 많이 먹었던 거 같아요. 제 기억으로는 술을 많이 먹고, 교회도 같이 못 간 적도 많고. 근데 인제 이거는 뭐 핑계일 수도 있지만, 그 동혁이의 친모가 신앙심이 그렇게 강했던 사람이었는데, 좋은 사람이었는데 아이들한테 대하는 거 보고 저는 또 개인적으로 실망도 상당히 많이 했던 부분은 사실이었고요. 그러고 인제 아이들을 제가 혼자 데리고 있다 보니까 잔소리도 많이 하게 되고, 아이들한테 해서는 안 될 말들[도] 사실은 많이 했던 거 같아요.

　　　제가… 그러다 보니까, 제가 제 자신이 싫다 보니까 술 한 병 먹고 잊으려고 한 적도 많고, 또 남자 혼자 아이들을 키우다 보니까 또 외로움도 느끼는 거고… 자식과는 또 별개고…. 그러다 보니까 가끔은 아이들하고 운동도 하러 나가고, 할아버지 와가지고 인제 자전거도 타고 했는데, 애들하고 셋이 살면서 그닥 제가 주말에 잘 해준 게 별로 없는 거 같아요.

면담자 　　　동혁이 어머니랑 만나신 후에는요?

동혁 아빠 　　　만난 후에는 많이 달라졌죠, 많이 달라졌죠. 예를 들어서 애들 데리고 영화도 보러 다니고, 아이들 데리고 예를 들어서 뭐… 전시관 같은 데 있지 않습니까, 그런 데도 가고…. 그러고…, 그래서 맛있는 것도 먹으러 다니고…. 되게 그거 보면서 동혁이 얼굴이 되게 행복한 얼굴이었어요.

그래서 제가 아마 수학여행 가기 일주일 전 정도 됐을 거예요. 동혁이 엄마[의] 아들내미가 군대에서 휴가를 나왔을 때인데 같이 저녁을 먹으러 어디 갈까 그랬더니 우리 동혁이가 갈비 먹으러 가자고 하더라고요. 그래서 여기 와동에 '드럼통'이라고 있는데, 다섯 식구가 가서 갈비 원하는 만큼 먹이고, 그리고 제가 물어봤어요. "너 동혁아 또 어디 가고 싶어?" 그랬더니 한 번도 노래방 가자는 소리를 한 적이 없는 아이인데, 그날따라 노래방을 가겠다는 거예요. "그래 가자" [했죠]. 근데 제가 동혁이가 노래 부르는 거를 처음 봤어요. 근데 잘 부르지는 못해요. 근데 그 아이 얼굴 표정이 너무 해맑게 웃으면서 노래를 부르고 춤까지 춘 거예요, 아이가….

제 앞에서 한 번도 그런 적이 없었던 아이였는데… 그래서 그날 제가 펑펑 울었어요. 집사람 붙들고 "너무 고맙다"고… "당신 만나서 내가 이렇게 행복해도 되는 건지 모르겠다"고. 그리고 더… 저희 동혁이가 순진하고 바보스러운 게 뭐였냐면은 수학여행 가기 전날, 큰아이가 군대에 있으니까 옷이 그냥 다 있잖아요. 동혁이 엄마가 우스갯소리로 그랬거든요, "이번에 그러면 수학여행 가서 여자 친구 한번 만들어보라"고…, 대신에 옷은 형 옷 입고 가라고. 그니까 동혁이가 바보같이 또 진짜 형 옷 입고 가도 되는 거냐고,

형한테 혼나는 거 아니냐고 그래서 집사람이 "엄마가 책임질 테니까 입고 가서 예쁜 여자 친구 하나 만들[어], 한번 만들어가지고 오라"고 [했어요]. 그래서 다 가방이고 뭐고 다 큰아이 그 가방하고 옷을 다 입고 간 거였어요, 아이가.

8

직장생활과 동료 관계 등

면담자　　　직장생활 얘기도 조금 해주셨는데요. 투표 같은 거는 어떻게 하십니까? 뭐 예를 들어서 야당 지지하시는지 여당 지지하시는지, 아예 무관심하셨는지요?

동혁 아빠　　　사실 또 제가 그 얘기하면 제일 또 할 말은 없고요. 저는 무관심 쪽에 있었던 사람이었어요. 그냥 투표날도 '하게 되면 하고, 못 하게 되면 뭐 그냥 안 하면 되지' 하는 생각을 가지고 있었고… 여당, 야당 이런 거는 전혀 별로 관심이 없었어요. 예전에는… 이렇게 바보 같은 삶을 산 거… 살았던 거죠, 제가….

면담자　　　아버님께서 겸손하게 바보 같다고 말씀을 하신 거지, 국민들이 여당이건 야당이건 관심을 갖지 않아도 행복하게 잘 살 수 있는 나라가 제대로 된 나라죠.

동혁 아빠　　　그렇죠. 깊이 들어가면 그게 맞는 말씀이시죠.

면담자   근데 제대로 된 나라가 아닌 것을 현재 아신 상태에서는 후회된다는 말씀이신 걸로 제가 이해를 하겠습니다.

동혁 아빠   그렇죠.

면담자   직장생활 관련해서 제가 조금만 더 여쭙고 싶은데요. 그 동료 관계가… 4·16 이후에 어떻게 변화하셨는지를 조금만 듣고 싶어요.

동혁 아빠   (한숨) 처음에 제가 인제 사고 후에 동혁이 보내고 두 달 쉬고 제가 6월 달에 복귀를 했거든요, 6월 16일 날. 진짜 힘들었죠. 좋아하는 운동도 점심시간에 안 했고, 사람들하고 거의 얘기를 안 했으니까는요, 처음에는. 근데 이제 주변에서 인제 한두 명씩 얘기를 하는 거예요. 제 얘기를… 안 좋은 얘기를 하는 거예요. "쟤는 이제… 좀 응? 회사 나왔으면 회사랑도 분위기도 맞춰주고 해야 되는데 언제까지 저러고 있는 건지 모르겠다" 이런 얘기가 막 들리기 시작하는 거예요.

그래서 저 스스로 이제 생각을 조금 바꿨죠, '그 사람들이 잘못됐다를 떠나서 내 스스로가 좀 변하는 게 맞겠다'. 근데 되게 힘들어요. 왜냐하면 저는 친구들 같은 경우에 주 내용이 아이들 얘기잖아요. 아이들 얘기… 뭐 돌잔치하고, 뭐 니 애는 지금 건냐부터 시작해 가지고 우리 애는 뭐 지금 뭐 가르치고 있다, 뭐 이런 거부터 해가지고… 아이들 이야기할 때는 너무 힘들죠. 그래서 저는 아이들 얘기할 때 단 한 마디도 안 하거든요. 지금도 그런 상태… 근데 아이들 얘기 빼고는 웬만하면 많이 어울리려고 제 스스로 노력을 많이 하고 있는 상태입니다.

9
수학여행 전후 남은 이야기

면담자　그 수학여행 얘기로 좀 가겠습니다. 동혁이 수학여행 준비는 주로 어머니가 많이 하셨겠네요.

동혁 아빠　그쵸, 집사람이 다 했죠.

면담자　수학여행 출발하기 전에 뭐 아버님 기억에 남는 어떤 이야기나 뭐 식사를 같이 한 이야기나 뭐 이런 것들 모두 좋으니까….

동혁 아빠　특별히 없었고요. 왜냐하면은 제가 동혁이보다 먼저 회사에 나왔기 때문에 따로 얘기한 적은 없었[어요]…. 그리고 저희 동혁이가 핸드폰이 없었어요. 공부해야 된다고 해가지고 핸드폰을 없앴거든요. 그러다 보니까 4월 15일 날 배 타고 가는 밤 11시 반 정도에 집사람하고 침대 누워 있는데 전화가 왔어요, 친구 핸드폰으로. 그니까 너무 이렇게 들뜬… 업[up]된 그런 말투 있지 않습니까? "저녁 뭐 먹었어?" 그랬더니 돈가스 먹었다고, 되게 맛있었다고.

　그리고 제가 아무 생각 없이 "혹여라도 무슨 일 있으면 선생님 말씀 잘 듣고, 혼자 따로 행동하지 말고, 친구들하고 같이 움직이

40

동혁 아빠 김영래

라"고, 제가 그렇게 얘기했죠. 제가 처음에 TV 인터뷰 같은 거 할 때, 제일 말하고 싶다고 제가 막 그런 얘기까지 했었었거든요. "차라리 좀 위험하면은 밖으로 나와 있어라"는 얘기를 못 했던 게 후회가 되는 거죠.

면담자 아버님, 오늘은 장시간 말씀을 이어서 해주셔서, 오늘은 여기서 끊고, 다음 2차 때 수학여행 간 이야기, 진도에서의 이야기 등에 대해 듣도록 하겠습니다. 어려운 말씀 차분하게 잘해주신 점, 감사드립니다. 제 1차 구술은 여기서 마치도록 하겠습니다.

2회차

2016년 1월 19일

1
시작 인사말

면담자 　　　본 구술증언은 4·16 사건에 대한 참여자들의 경험과 기억을 기록으로 남김으로써 이후 진상 규명 및 역사 기술에 기여하고자 합니다. 지금부터 김영래 씨의 증언을 시작하겠습니다. 오늘은 2016년 1월 19일이며, 장소는 안산시 단원구 4·16기억전시관입니다. 면담자는 김익한이며, 촬영자는 김은실입니다.

2
동혁이에 대한 기억과 꿈

면담자 　　　오늘이 이번 겨울에서 제일 추운 날인데 이렇게 또 2차 구술에 참여해 주셔서 감사합니다. 오늘은 지난 1차 구술 때 제가 예고 말씀을 드렸듯이, 진도에서[의] 얘기를 전반적으로 들어보는 날입니다. 제가 질문을 하더라도 답변하시기 불편하시거나 하면 답변 안 하셔도 좋고요. 동혁 아빠의 판단에 의해서 자유롭게 구술하는 것을 원칙으로 하겠습니다.

동혁 아빠 　　　네.

면담자 　　　오늘 구술 처음 시작은요. 동혁이에 대한 기억들로부터 좀 시작을 해서 동혁이를 많이 연상하면서 진도 상황으로 넘어갔으면 합니다.

동혁 아빠   예.

면담자   동혁이가 지금 생각하실 때 어떤 점이 제일 기억에 남으세요?

동혁 아빠   많이 기억에 남죠. 많이 기억에 남는데 좋았을 때 기억도 있지만 저는 동혁이가 참 안쓰럽게 컸던 아이거든요. 그 속에서도 저희 동혁이 같은 경우는 참 밝게 자랐어요. 그리고 음… 시작하기 전에 교수님도 말씀하셨지만, 저는 아이들을 항상 가르칠 때 "남을 먼저 생각해라. 상대방에 대한 배려를 해라" [하고] 항상 저도 이렇게 가르쳤던 사람이었고요. 동혁이 같은 경우에는 살아가면서 단 한 번도 저한테 큰소리치거나 대든 적이 없는 아이예요. 그게 어떻게 보면은 너무 착하다고도 생각이 들지만 제가 한편으로는 가슴이 좀 많이 아파요. 자라면서 좀 반항도 하고 아빠한테 싫은 건 싫다고도 하고… 했어야 되는 건데, '제가 그렇게 가르쳐서 우리 동혁이가 마음속으로 많이 좀 삭이지 않았는가' 그런 생각하면 많이 가슴이 제가 미어집니다.

미어지고… 너무 미안해요. 미안하고… 제가 제일 미안한 부분은 제가 동혁이를 좀 엄하게 키우려고, 인제 엄마가 없다 보니까 동생 잘 챙기라고 좀 엄하게 키울려고 제가 매를 좀 많이 들었어요. 대신에 뭐 엉덩이만 제가… 때렸는데 어느 순간에는 저도 모르게 이 감정이 실릴 때가 있더라고요. 그런 부분에 있어서 한없이

46

미안하죠, 미안하고……. 그럼에도 불구하고 단 한 번도 저한테 큰 소리쳐 본 적 없는 아이였고요.

면담자　　　동혁이가 그렇게 밝게 자라면서 자기 나름대로 또 자기 꿈도 키우고 했을 텐데요.

동혁 아빠　　　그렇죠. 예.

면담자　　　동혁이 꿈은 어떻게 기억하고 계십니까?

동혁 아빠　　　일단 중학교 때까지는 항상 저한테 했던 말이 "프로 게이머가 되고 싶다" 그랬거든요. 동혁이 소원을 제가 못 들어줬어요. 동혁이가 어느 날인가 중학교 다닐 때 저한테 그런 얘기를 하더라고요, 아빠랑 '스타크래프트' 한번 해보는 게 소원이라고…. 근데 저는 그걸… 컴퓨터게임을 하는 걸 제가 별로 안 좋아하다 보니까. "아빠 못해"[라고 하니까 동혁이가] "가르쳐드릴게요" 그랬는데 제가 안… 안 배웠어요. 인제 그게, 또 인제 한편으로 굉장히 미안한 부분이고요.

　　그러다가 고등학교 올라오면서 애니메이션이요, 만화 그리기를 너무 좋아해 가지고 1학년 때부터, 고등학교 1학년 올라오면서부터 계속 만화 동아리에서 활동을 했어요. 그러면서 웹디자이너가 되고 싶다고… 사실 고등학교 2학년 1학기 때까지 인제 집사람하고 지켜보고 "정말 동혁이가 공부에 관심이 없고 웹디자인을 배우고 싶다면 우리 그러면 그때 돼서 학원 보내줍시다"라고 약속을 한 상태였거든요, 사실. [동혁이가] 저한테 입버릇처럼 [말]했던 게,

아빠 고생한다고 "커서 제가 아빠한테 집도 사드리고 차도 사드리고 효도하겠다"라고 참 자주 말했던 아이거든요. 그런 생각하면 좀 많이 좀 제가 아픕니다.

3
4·16 당시 상황

면담자   참사 때 상황으로 들어가겠습니다. 처음에 소식을 접하신 거부터 기억나시는 대로 말씀해 주시면 좋을 거 같습니다.

동혁 아빠   처음에 제가 사고를 접한 거는… 제가 4월 16일 날 [이] 쉬는 날이었어요. 그날… 그 여느 때와 같이 그냥… 동혁이는 전날 인제 수학여행을 떠났으니까. ○○이는 알아서 학교 가고 집사람이 그때 당시에 부동산을 하다 보니까 좀 늦게 일어났어요. 그래 가지고 저도 8시 50분쯤 일어나서 제가 TV를 잘 안 보는데, 그날따라 YTN을 틀었어요, 8시 50분 좀 넘어서…. 그리고 인제 차 한잔… 커피 한잔 타가지고 소파에 딱 앉아서 딱 보고 있는데, 자막에 "단원고등학교 수학여행 [학생들이] 탄 여객선 침몰 중"이라는 글이 딱 뜨더라고요.

     일단은 학교에다 전화를 했죠. "지금 상황이 어떻게 된 거냐?" 그랬더니 제대로 말을 못 하는 거예요. 그 사람들도 뭐 경황이 없다고 얘기를 하는데… 그래서 집사람을 깨웠죠. 깨워가지고 인제

48

동혁 아빠 김영래

무작정 학교로 달려갔어요. 가니까, 저는 좀 지금도 의아한 부분 중에 하나가 사실 그거거든요. 그때 9시 조금 넘어서 제가 학교에 갔는데 이미 그때 기자들이 다 와 있었어요, 카메라며…. 그래 가지고 인제 행정실에 들어갔죠. 들어가니까 선생님들은 전화 받느라 정신이 하나도 없는 거예요. 그래서 제가 "어떻게 된 거냐? 얘기해라" 그랬더니만 교장이라는 사람이 "지금 아이들부터 최우선적으로 구조를 하고 있다. 걱정하지 마시라" 그러는 거예요. 그러니까 일단은 저희는 교장선생님이라는 사람이 그렇게 얘기를 했으니까 그 말을 믿을 수밖에 없지 않습니까?

그러면서 부모님들이 계속 한 분 두 분 오시면서 기하급수적으로 늘어나니까 학교 측에서는 강당으로 부모님들을 데리고 가시더라고요. 거기 있는데 조금 있다가 운영위원장인가 하는 사람이 "전원 구조했다"고, "학생들 전원 구조했다"고 그니까 여기저기서 탄성이 터져 나온 거죠, 다행이라고….

그러면서 그때 했던 말이 "12시에 버스가 출발하니까 아이들 데리러 가실 부모님들은 12시 버스 타고 데리러 가면 된다"는 거였어요[라]. 저희도 가볍게 인제, 동혁이가 혹시 물에 빠졌을지 모르니까 옷가지하고 챙겨서 내려갔다 오자고, 어차피 제가 인제 쉬는 날이었으니까. 그래서 인제 버스를 타게 됐는데, 버스 타면서부터 문제가 발생이 되더라… 느낌이 너무 안 좋더라고요, 저나 집사람이.

계속 지연을 시키는 거예요, 버스 시간을. 그러더니 단원고등학교에서 [버스를] 탔는데 인제 화정천 길 따라서 올라가는데 그것도 버스가 서더니 30분을 안 가는 거예요. 그러더니 선생들끼리 막 왔다 갔다 하면서 자기네들끼리만 얘기를 하는 거예요, 부모님들한테는 어떠한 말도 안 하고. 그래서 집사람하고 '이상하다, 이상하다' 그러고 있는데 매송IC[나들목] 올라가서 또 차가 또 서는 거예요. 그리고 한 30분 동안 또 안 가는 거예요. 집사람하고 그때 딱 느낀 게 뭐냐면 '이거 큰일이 났다' 그러면서 제가 인터넷 [뉴스를] 실시간으로 계속 상황을 봤어요.

핸드폰으로 그러는 와중에 한⋯ 군산쯤 갔을 땐가, 서천이나 군산쯤 갔을 때인데 차를 딱 세우더니 선생님 한 분이 타는 거예요. 그러더니만 "정차웅 학생 부모님 있냐?"고 딱 그러는 거예요. 근데 마침 그 버스에 차웅이 어머님, 아버님이 타고 계셨어요. 근데 그분이 어머님, 아버님 확인만 하고 다시 내려가는 거예요. 그 순간 제가 인터넷을 딱 봤는데 첫 번째 희생자가 차웅이 이름이 올라오더라고요, 인터넷에. 그래서 집사람하고 고민을 했죠. "여보, 이거 말을 해야 될 거 같다", "어떻게 말을 해" 이러는 와중에 인제 제가 "그래도 말하는 게 맞는 거 같다" 그래서 제가 인제 가가지고 [차웅이] 아버님, 어머님한테 말씀을 드렸어요. 어머님, 아버님 놀라지 마시라고, 차웅이 희생됐다고. 그니까 거기서 어머님은 난리가 난 거죠.

그러면서 인제 내려가는데, 갑자기 인터넷을 보고 내려가는데 생존자가 뭐 179명이었다가 175명이었다가 176명이었다가 뭐 이런 식으로 바뀌는 거예요, 계속. 그러면서 진도에 내려갔는데 인제 차웅이 어머님, 아버님은 목포톨게이트에서 내려드렸는데, 차도 아무것도 준비가 안 돼 있고 알아서 가라는 식으로 그래서 그 톨게이트에서 내려가지고… 개구멍으로 내려가서서 택시 타고 가셨다는 거예요.

그런 상황 속에서 인제 저희도 진도체육관에 처음에 딱 갔죠. 갔는데 인제 명단이 쭉 나오는데 학생 애들은 75명밖에 안 되는 거예요. 일반인들이 더 많은 거예요, 생존자 중에. 아무리 뭐 찾아봐도 저희 동혁이 이름은 없었죠. 그러면서 제가 느낀 게 '동혁이는 내가 그렇게 가르쳐… 가르쳐났기 때문에 지가 절대 먼저 나오고 하진 않았을 거다' [하는 거였어요]. 그때 후회를 많이 했죠. 제가 아이들을 그렇게 가르친 거에 대해서…. 그러면서 인제 저희는 팽목항으로 바로 간 거죠. 팽목항으로 갔는데 비가 왔어요, 저녁에. 근데 아무것도 준비가 안 돼 있고, 텐트 두세 개밖에 안 쳐져 있었어요. 거기서 그냥… 그냥 뭐 뜬눈으로 서서 그냥 밤을 샜죠. 그러면서 부모님들은 여기서 생활하기 힘드시니까 체육관으로 다 옮겨 놓은 거예요. 체육관으로 옮겨 놓은 자체도, 저는 나중에 그때는 경황이 없으니까 잘 몰랐는데, 나중에 지나고 생각해 보니까 어떻게든 부모님들한테 [현장 상황을] 안 보여주려고 그 산속에다가 부모님들을 가둬놓은 거…였죠. 지금 생각해 보니까.

면담자　　　버스 타신 시간이 대체로 어느 정도였나요?

동혁 아빠　　12시에 출발했으니까, 12시쯤 탔어요. 조금 전, 한

51

2회차

11시 한 뭐 40분, 50분정도에 저희가 버스에 탄 거죠.

면담자   그러면 그 전에는 [학교] 강당에서 있다가 옷 챙기러 집으로 가셨다가….

동혁 아빠   예, 예.

면담자   다시 오시고 그러셨던 거예요?

동혁 아빠   예. 인제 뭐 내 차 가지고 가면 안 되니… 어차피 버스 출발하니까 차도 갔다 놨을 경우에서[차도 집에 갖다 놔야 해서]… 집에 들렀다가 나온 거죠.

면담자   그리고 버스를 타고 진도에 도착을 하셨을 때 처음 도착지가 어디였습니까? 내린 곳이?

동혁 아빠   체육관이요.

면담자   아, 처음에 체육관에 내리셨네요.

동혁 아빠   예.

면담자   체육관에 그때 분위기랄까. 어떤 상태였습니까?

동혁 아빠   그니까 들어가지도 못했어요, 저희는. 왜냐면 바깥에 구조자 명단이 쭉 있었기 때문에 그거 확인하고 [동혁이가] 없어 가지고 저는 그냥 집사람하고 바로 또 그 버스를 타고 팽목항으로 들어갔기 때문에 체육관 안에는 못 들어갔죠. 근데 인제 얘기를 들은 거는 그 안에 인제 생존자 아이들이 있었던 거예요, 체육관 안에.

면담자　　　그러면은 팽목으로 가시면서 이미 문제가 좀 심각하게 발생을 하고 있다고는 생각을 하셨을 거고.

동혁 아빠　　　그렇죠.

면담자　　　그때 심정이 어떠셨어요?

동혁 아빠　　　아무 생각이 없었고, 우리 동혁이만 무사하길… 동혁이만 무사하길… 그 마음으로 갔죠.

면담자　　　그때까지는 어떤 충돌이라든지 이런 것까지는 아직 발생하지 않은 상황이었겠네요.

동혁 아빠　　　어떤 충돌을 말씀하시는지?

면담자　　　그러니까 거기 나와 있는 공무원들이라든지…

동혁 아빠　　　그렇죠. 예, 예.

4
팽목항과 진도체육관 상황

면담자　　　알겠습니다. 그러면 인제 팽목항에서의 이야기하고 그다음에 그 진도체육관에서[의] 이야기로 좀 넘어가겠습니다. 그러니까 그날 밤 아버님은 뜬눈으로 밤을 새고 또 팽목에 계속 계셨겠네요.

동혁 아빠   아니요. 집사람하고 저희 그 큰아들이 같이 내려갔기 때문에 저희는 그다음 날 짐을 챙겨서 체육관으로 갔죠.

면담자   그럼 17일 날 체육관에 들어가셨을 때에는 눈에 보였던 전경이랄까… 어떤 사람들이 있었는지, 어떤 시설이 있었는지 뭐 이런 것부터 차근차근 한번 말씀해 주시면 좋겠습니다.

동혁 아빠   그냥 구호 물품, 처음에 입구 딱 들어가면 양쪽에 구호물품이 전부 쌓여 있었고요. 체육관 안으로 딱 들어가면 그냥… 피난민이죠 피난민, 예. 그때 당시에 일반인 희생자 가족들도 있었고 저희 학생 가족들도 있었고, 그렇기 때문에 한 1000명 정도 됐는데, 중요한 게 뭐냐면은 그… 박근혜 대통령이 왔을 때하고 정홍원 국무총리 왔을 때, 질문 같은 거 할 때요. 2층 제일 꼭대기 구석… 구석탱이에서 어느 한 사람이 막 떠들어요. 그래 놓고 없어져요. 근데 저희는 당연히 실종자 가족 중에 한 분이겠지 생각을 했거든요. 나중에 알고 봤더니 그놈들이 다 그 정보원이더라고요. 정보원, 정보과 형사.

면담자   17일 날 거의 대부분의 가족들이 진도체육관으로 들어왔을 텐데, 그리고 그때부터 이른바 구조 활동에 대한 브리핑이 있었을 거란 말이죠.

동혁 아빠   예, 예, 있었죠.

면담자   그럴 때 가족들이 굉장히 많이 동요할 수밖에 없는 상황이었는데 가족들의 대응은 어땠고, 동혁 아버님은 그때 주로 어떤 행동들을 하셨는지 말씀을 해주시죠.

동혁 아빠 브리핑할 때 늘 똑같은 얘기죠, 그 사람들은. "날씨가 안 좋아서", "조류가 세서", "시야가 확보가 안 돼서"…, 늘 똑같은 얘기예요. 그러면서 "자기네들도 최선을 다하고 있다, 기다려달라", 그런 와중에 인제 저 같은 경우에는… 18일까지는 아무것도 못 했어요, 저는.

근데 저를 일으켜 세운 게 집사람이죠. 집사람이 저한테 정신차리라고. "이미 인제 동혁이가 살아 있을 희… 희망은 없다. 움직여라. 일을 해라. 아이 찾아서 가야 될 거 아니냐?" 그러면서 그때 정신을 딱 차리고 체육관 밖을 딱 나오는데 그 어디 그 공무원들이 사진 촬영을 하고 있더라고요, 체육관 앞에서. 너무 화가 나가지고, 동혁이 엄마랑 저랑 진짜 막 날아 차기 해가지고 그 사람들을 차버렸어요. 너무 화가 나가지고. "니들 지금 뭐 하는 짓이냐?"고, "여기 여행 온 거냐?"고, 어? 우리 아이들은 지금 생사가 어떻게 된지도 모르고, 살… 살아 있으면 다행이겠지만. 아이들이 희생이 됐을 때도 그 아이를 찾을 수 있을지 없을지도 사실 굉장히 큰 걱정거리 중에 또 하나였잖아요. 그러는 와중에 그 공무원이라는 인간들은 거기서 사진 찍고 있고. 그전에도 그랬잖아요, 그 무슨 누구… 장관인데 컵라면 먹고 있고, 예. 그런 상황이었잖아요.

그러면서 제가 정신을 차리면서, 그때 학생 부모님이 누군지 모르잖아요. 그래서 동혁이 엄마가 제안을 한 거죠. 선생님들한테 애기를 했죠. 1반부터 10반까지 명단을 달라. 그러면서 인제 반 대표를 선출하게 되는 과정이 있었고. 그러면서 제가 18일? 18일 날부터 제가 반 대표를 하게 됐고, 그러면서 저는 계속 팽목항하고 체육관 왔다 갔다 하면서 인제 반 대표로서 일을 한 거죠.

면담자　　그 반 대표로 활동하신 얘기는 조금 뒤에 더 상세하게 좀 들었으면 하고요. 그 앞에 그 17, 18일 날 진도체육관에서 발견된 공무원들의 모습은 어떻게 기억하십니까? 사진 찍은 얘기해 주셨는데, 실제로 도움이 되셨는지?

동혁 아빠　　전혀 안 됐습니다. 전혀 안 됐고요. 중요한 거는 교육청 직원들도 나와 있었어요. 그러면은 자리 배치가 어떻게 됐냐 하면 이쪽은 단원고등학교 선생님들 앉아 있었고, 그 맞은편에는 교육청 사람들이 쫙 앉아 있었어요. 그니까는 선생들은 그 교육청 사람들 눈치만 보고 있는 거예요. 그 명단을 달라 그래도 이 사람들 눈치 보고 있고, 뭘 만들어달라 그래도 이 사람들 눈치를 보고 있고, 그런 상황이었어요.

면담자　　거기에 무슨 보건복지부라든지 여러 부처에서 의료 부스라든지 이런 여러 가지 설치하고 있었고, 어쨌든 가족들의 편의를 도와주려고 하는 그런 모양새는 갖추고 있었거든요. 그런 것에 대해서 충분히 안내가 되고 해서 잘 이용을 하셨는지?

동혁 아빠　　아니요, 저는 한 번도 이용 안 했습니다.

면담자   왜 이용 안 하셨는지?

동혁 아빠   그 상황에서 설령 제가 몸이 아프고 뭐 어디가 불편하다고 해서 치료받고 할 상황이 아니었잖아요. 내 아이는 어떻게 됐는지도 모르는 [상황이라]. 정말 그냥 실신하셨거나 며칠 동안 못 드신 분 같은 경우에는 인제 뭐 영양제도 맞으시고 하긴 했어요. 인제 침도 맞으시고 했는데 저는 그럴 사실 상황도 아니었고, 겨를이 없었죠. 아이를 찾아야 된다는 생각밖에 없었으니까.

면담자   그러면은 그 당시에 그 공무원들은 결국은 국가를 대표해서 가족들을 지원하는 역할을 했던 사람들인데 그들이 무엇을 제일 해주었어야 한다고 생각을 하십니까? 그 당시 상황에서?

동혁 아빠   체육관에 남아 있던 공무원들 말씀하시는 거죠? 그거 제가 말씀을 아까도 드렸지만, 일차적으로는 학생들이 대다수였잖아요. 그러면은 일반인 실종자 가족들하고 학생 실종자 가족들하고 분간이 갈 수 있게, 뭐 비표를[구분할 수 있는 표식을] 준비한다거나 그걸 미리 본인들이 알아서 해줬어야 됐다고 저는 생각을 하거든요. 그런 부분에 있어서는 전혀 이뤄지지가 않았으니까. 오죽하면 그때 당시에 저희가 부모들이 나서 가지고 다 했어요. "1반 어머님들 이쪽으로 앉으십시오. 이쪽으로 오십시오. 2반 어머님들 이쪽으로 오십시오. 아버님들 이쪽으로 오십시오" 이런 식으로 해 가지고 저희가 1반부터 10반까지 나눠가지고 저희가 이거 명찰 만들고 저희가 다 했어요.

면담자   당시에 그 명단을 벽에다 붙이고 하는 그런 일들이 있었지 않습니까?

동혁 아빠   어떤… 찾은 아이들?

면담자   예. 찾은 아이들이죠. 그래서 아무래도 초기 상황일 텐데 저희가 언론을 통해서 본 것은 그 명단 붙인 것이 부정확하기도 하고, 식별이 어려운 그런 상황이었던 걸로 저희가 보도로 보고 있었는데요.

동혁 아빠   그니까는 아이들 찾으면은 번호가 매겨졌어요, 아이들한테. 1번부터 뭐 2번 3번 뭐 이런 식으로. 저희 동혁이 같은 경우에도 맞는 게 없었어요. 맞는 거라고는 동혁이가 인제 고등학교 2학년 올라오면서 공부하기로 해가지고 핸드폰을 없애면서 동혁이 엄마가 MP3 [플레이어]를 사줬어요, 동혁이를. 그니까 MP3 [플레이어]를 손에 쥐고 올라왔어요. 그… 그런데 그 MP3 [플레이어] 색깔조차도 안 맞았어요. 키도 안 맞고… 어떨 때는 옷 색깔도 뭐 틀리게 올라와 가지고….

면담자   고맙습니다. 지금부터가 기억하시기가 불편한 대목이긴 합니다만, 그러면은 반별로 대체로 질서랄까? 그 체육관에서 가족들 스스로가 질서를 잡아간 게 18일 정도일 것 같네요.

동혁 아빠   18일이 맞을 겁니다. 제 기억으로는 18일로 기억을 합니다.

5
반 대표 활동

면담자　　　그 이후에 반 대표로서의 활동이랄까. 주로 어떤 역할을 하셨는지를 좀 말씀해 주십시오.

동혁 아빠　　　그니까는 부모님들한테 인제 그 현장 상황이라든가, 예를 들어서 뭐 국가 관계자분들하고 회의 같은 걸 하지 않습니까? 회의 같은 거 하면 회의 내용을 부모님들한테 알려드리고. 팽목항… 그때 당시에 저희가 처음 이런 일을 겪다 보니까 팽목항에 저기 부모 대표들이 있었고요. 체육관에 또 부모님 대표들이 있었어요. 그러다 보니까 그것조차도 약간 좀 트러블이 발생되는 거예요.

　쉽게 얘기하면은 팽목항은 최전선이고 체육관은 후방이라는 어떤 그런 인식을 또 가지고 있다 보니까 부모님들끼리도 트러블이 상당히 많았어요. 그러면서 인제 이러면 안 되겠다 싶어 가지고, "같이 회의를 한번 하고 대표를 거기서 다시 정하자" 그게 그랬던 게 22일 날이었어요. 그리고 제가 22일 날 회의를 하고 체육관으로 넘어오니까 새벽 한 1시 정도 되더라고요. 근데 동혁이 엄마가 그날 저보고 샤워를 하고 자래요. "왜 그러냐. 샤워는 무슨 샤워냐. 지금 아이가 어떻게 됐는지도 모르고" 그랬더니만 [샤워를] 하래요. 동혁이가 나올 거 같대요. 근데 자고 잠깐 눈 감고, 샤워하고 잠깐 눈 감고 [있었더니] 새벽 4시에 깨우더라고요. 동혁이 찾았다고.

면담자   그 반 대표 하시면서 공무원들하고 회의도 같이 하고 그러셨습니까?

동혁 아빠   그렇죠. 예.

면담자   어떤 내용의 회의를 주로 하셨습니까?

동혁 아빠   그냥 구조를 어떻게 하고 있냐. 저희[가] 참 어리석었던 게 그거죠. 그때 당시에 에어 포켓이 존재한다고 그래 가지고 에어를 주입하네 마네, 뭐 그런 얘기부터 해가지고 "빨리 주입을 해라" [하면서], 우리는 "그래야 살아 있는 애들은 어떻게든 구조를 할 거 아니냐" [하고 요구를 했었지요]. 근데 결과론적으로 그 에어도 사람이 마실 수 없는 공업용 에어를 주입했잖아요. 그런 거부터 해가지고 우리가 뭐 예를 들어서 요구하는 거 있지 않습니까. "이렇게 이렇게 해달라"라든가, 이런 거[에 대해서] 회의를 많이 하면서, 예를 들어서 "니들 구조하는 거 수중촬영을 해와라" 뭐 이런 식으로, 아니면은 "우리가 바지선에 올라가서 직접 확인을 해야겠다" [하는 등등을 요구했어요]. 그리고 그때 실제적으로 바지선에 상주했던 아버님들도 몇 분 계시고요.

면담자   공무원들과 함께 한 회의에는 주로 누가 들어왔습니까?

동혁 아빠   해경이 주로였죠, 해경. 해경이 주로였고, 가끔 이주영 그 해수부 장관[도 들어왔고요], 예.

면담자　　　그리고 가족분들은 인제 반 대표가 중심이 돼서 참 석하고요?

동혁 아빠　　　그렇죠. 그때 당시에 체육관 대표로 있었던 사람이 가족이 아닌데 저희한테 가족이라고 설치고 체육관 대표를 했던 유×× 씨. 유×× 씨가 대표면서 반 대표들하고 같이 회의를 하게 된 거죠. 그리고 유×× 씨 같은 경우에는 그 체육관 대표라고 해서 그 사람 개인적으로도 진도체육관[군청]에 가가지고 혼자 회의를 하고 오는 날도 많았었어요.

면담자　　　가족들은 유×× 대표에 대해서는 어떻게 생각들을 하시죠?

동혁 아빠　　　저는 그 사람의 정체를 알고 나서 너무 화가 났죠. 다른 부모님들도 다 인제 분개를 하시죠. 그때 당시에는 경황이 없 었으니까. 본인이 분명이 본인 입으로 ☆☆이 삼촌이라고 했거든 요, 외삼촌. 저희는 확인할 길이 없지 않습니까? 그런 줄 알았는데 하는 행동이 다 이상하다고 계속 저한테 제보가 들어오더라고요. 어느 날은 뭐 밤에 체육관 뒤에서 전화받으면서 웃고⋯ 웃고 떠들 면서 전화 통화를 하고⋯ 인제 그런 어떤 제보들을 하더라고요, 저 한테. 그래 가지고 "아, 그래도 외삼촌인데 뭐 애들하고 통화하면 서 그랬나 보죠" 그리고 넘어갔었거든요. 근데 올라와서도 인제 "그 사람 삼촌이 아니다" 뭐 그런 얘기가 들려가지고 제가 직접 확 인을 했어요. ☆☆이 어머님하고 통화를 했어요, 제가. "어머니, 유

××이라는 사람이 외삼촌이 맞냐?" 근데 성이 틀린 거예요, ☆☆
이 어머님하고.

그랬더니 어머님이 솔직하게 말씀을 해주시더라고요, 저한테.
그 유××이라는 사람이 어머님한테 부탁을 했대요, 자기가 외삼촌
이라고 해달라고. 〈비공개〉 그 유×× 씨가 그쪽 동네 통장이었대
요. 그러면서 좀 도움을 주긴 줬나 봐요, ☆☆이네 집에. 그러면서
좀 알던 사람인데 그런 부탁을 해가지고, 어머님은 아무 생각 없이
그냥 그렇게 하라고 그러서 가지고 말씀을 하신 거죠. 그니까 저
희도 저도 지금도 아이러니해요. 왜 그 사람이 그렇게 거짓말을
해가면서까지 체육관 대표를 했을까. 되게 불쌍한 척도 많이 했거
든요. 자기 무슨 위암 수술해 가지고 "몸이 안 좋다"부터 해가지
고. 실제 그래서 그 체육관에서 아버님들하고 부대낀[시비가 붙은]
적도 있어요.

면담자   팽목은 몇 분이 대표를 하셨어요? 팽목도 따로, 반별
로 대표가 따로 있었습니까?

동혁 아빠   아니요. 아니요.

면담자   그렇진 않았고…

동혁 아빠   팽목은 제 기억으로는 그때 빛나라 아빠. 그다음에
저기 해화 아빠, 그다음에 예은이 아빠, 그다음에 준우 아빠, 그다
음에 찬호 아빠, 그다음에 상호 아빠. 요 정도, 예. 그분들이 거의
그쪽에서 다 대표 격으로 해가지고 활동을 하셨죠.

면담자   국무총리, 대통령 등이 방문했을 때 상황 중에서 기억나시는 것들 좀 말씀해 주시면 좋겠습니다.

동혁 아빠   대통령이 방문했을 때 뭐 저희는 지푸라기도 잡고 싶은 심정이었으니까는요. 당시에는… 그냥 울면서 애원했던 거 같아요. "제발 우리 아이 살려달라"고, "구해달라"고 그러고…, 국무총리가 왔을 때는 아마 그때는 저희가 대통령을 만나러 가겠다고 도보하려고 막 하던 상황이었어요.

면담자   대통령 왔을 때 대표들이 나가서 무엇을 얘기한다든지 그런 상황이었습니까? 아니면 중구난방으로 막 그 소리치고 하던 상황이었습니까?

동혁 아빠   중구난방이었죠. 근데 그 와중에 그… 그때 당시에는 아마 제 기억으로는 송×× 목사가 아마 대표라고 하면서.

면담자   유가족이 아니신데?

동혁 아빠   예. 그분도 아니셔요.

면담자   가족들이 다 허용을 하신 거네요.

동혁 아빠   그때는 뭐 솔직히 유가족인지 아닌지 모르지 않습니까. 그러니까 일단 누구라도 대표가 돼가지고 어쨌거나 또 저들하고 회의를 해야 되고 우리가 요구를 해야 될 때도 있고 하니까. 누구라도 나서야 되는 상황이었기 때문에 어쩔 수가 없었던 거 같아요, 그 상황은.

면담자   송××목사님이 마이크를 잡고 여러 가지….

동혁 아빠   아마 제 기억으로는 저는 질문 내용은 기억이 안 나
는데 아마 그때 얘기를 하셨어요. 송××목사가…〈비공개〉

6
진도대교 도보 행진

면담자   진도대교로 시위행진이 시작된 그 상황에 대해서 조
금 말씀을 듣고 싶습니다. 어떻게 결국은 진도대교까지 가게 됐는
지. 그러니까 출발에 계기랄까요.

동혁 아빠   그 제가 그 상황은 정확히 기억은 안 나거든요. 근데
아마 그때 인제 더디니까, 아이들 구조하는 게 더디니까 "니들 뭐
하는 거냐? 애들 구해라" 하면서 아마, 그때 제 기억으로는 몇몇 분
들이 인제는 즉흥적으로 "가자. 청와대까지 가자" 그러면서, 그냥
갑자기 인제 체육관에 있다가 막 다 뛰쳐나와 가지고 가게 됐죠.

면담자   질문이 우습긴 합니다만 그 당시에는 대통령에게 가
면 문제가 풀릴 것이라고 생각을 하셨는지?

동혁 아빠   아니죠, 그 생각은 안 했죠. 그렇게 생각은 안 했고.
우리가 이렇게라도 해서 좀 많은 분들이 좀 알아가지고 우리 아이
들 좀 빨리 찾아줬으면 하는 바람이죠. 그리고 바보가 아닌 이상

그때 상황에서 저희가 당연히 '경찰 애들이 막을 거다'라는 생각은 했죠. 근데 역시나 체육관 바로 나와서 조금 내려오니까 일차적으로 경찰 애들이 막았어요. 그래서 거기서 1시간 정도 실랑이했나? 그러면서 거기서 안 가시는 분들도 생긴 거죠. 그러면서 걔들이 풀어주면서 걷기 시작한 거죠. 그러면서 저희가 걸으면서 들려오는 얘기에 의하면 "진도대교 앞에 경찰들이 배치되어 있다" [하더라고요]. 근데 역시나 해가 밝아올 때쯤 저희가 인제 진도대교 앞에 갔으니까 경찰들이 다 막았더라고요, 길을 아예 통제를 하고.

면담자   몇 시간쯤 걸으셨어요?

동혁 아빠   한… 6, 7시간 정도 걸었을 거 같습니다. 정확히 기억은 안 나는데….

면담자   그 행진하면서 구호랄까 그런 것도 외치셨던 걸로 알고 있는데, 주로 어떤 구호들이었습니까?

동혁 아빠   "내 아이를 살려내라". 지금 기억나는 구호가 그거밖에 없네요, 제가.

면담자   그 진도로 행진하실 때 가족이 아닌 듯한 사람들이 있었다는 느낌은 혹시 없으셨습니까?

동혁 아빠   그때는 그런 생각 전혀 못 했죠. 지금 교수님이 말씀하시니까 그럴 수도 있다는 생각은 들어요. 근데 인제 그 상황에서 같은 반 부모님들도 사실 다 몰랐거든요. 왜냐하면 그때가 인제 반

별로 반 대표가 선출되고 그런 과정이 아니었던 걸로 제가 기억을 해요. 예, 그 전이었던 걸로 기억을 하거든요.

면담자　　　진도대교에서 철수할 때의 상황은 어떠셨어요? 사실은 그 철수를 결정하는 것도 쉽지는 않았을 텐데요.

동혁 아빠　　　그렇죠. 근데 이미 아까도 말씀을 드렸지만 저희가 걸어서 청와대까지 갈 수 없다는 거는 알고 간 상태였기 때문에, 그리고 필사적으로 그 경찰들도 막으셨고요. 그니까 인제 거기서 인제 주저앉아 있다가 저희가 어떻게 보면 지친 면도 있고요, 포기한 면도 있지 않을까 싶어요. 정확한 저도 그때의 상황은 기억은 지금 안 나는데, 그러면서 어느 한 분이 [돌아]가자고 해가지고 돌아섰던 걸로 제가 기억을 합니다.

면담자　　　돌아가자고 하신 분이 누구였다든지 이런 것들은 안산에 올라오신 다음에도 별로 얘기는 안 됐었던 거 같네요.

동혁 아빠　　　그렇죠. 예, 예.

면담자　　　이런 부분이 아직 확실치 않은 거 같아요. 진도대교로 누가 제일 먼저 가자고 했는지, (동혁 아빠 : 예, 예. 그거까지는…)

면담자　　　진도대교에서 철수를 누가 (동혁 아빠 : 하자 그랬는지…)

면담자　　　누가 먼저 제안을 했는지도…

동혁 아빠　　　예. 기억이 안 납니다.

7
바지선에서의 구조 상황

면담자　　　알겠습니다. 그 진도대교로 행진하시고 동혁이가 인제 엄마, 아빠 품으로 돌아오는 그 사이 시간에 바지선을 타셨다든지 뭐 그런 경험은 없으셨습니까?

동혁 아빠　　탔죠. 반 대표하면서 탔었고요. 바지선에도 올라갔었고, 제가 바지선에 올라간 날이 22일일 겁니다, 아마. 21일인가… 22일… 21일인가 보다. 4월 21일 날 제가 바지선에 올라갔었고, 올라가서 그때 저희 반 슬라바 [아빠]가 올라오는 걸 봤어요, 제가.

면담자　　　바지선을 타시는 것도 굉장히 어려웠던 거로….

동혁 아빠　　어려웠죠.

면담자　　　저희는 알고 있는데 어떻게 교섭을 해서 어떻게 타게 되신 건지요?

동혁 아빠　　그니까 무조건 우리가 "우리 눈으로 확인해야 된다" [그런 생각이었죠]. 그때는 뭐 지금 생각해 보면은 고집일 수도 있지만 저희는 그게 당연한 요구라고 생각을 했기 때문에, 그렇게 해서 저희가 들어가서 제 기억으로는 아마 3반에 지민이 아버님이 제일 오래 계셨을 거예요, 아마. 바지선에 다른 분들은 기억이 안 나고 지민이 아빠는 제가 기억을 하거든요. 지민이 아빠가 바지선에 좀 제일 오래 계셨어요.

면담자   바지선에 오르면서 인제 눈에 보이는 게 해경이나 또는 잠수사들이 보였을 텐데, 주로 어떤 분들로 기억을 합니까? 주로 어떤 행동들을 했습니까?

동혁 아빠   특별한 행동은 없었고요. 그냥 순서대로 인제 잠수를 하셨으니까. 그리고 뭐 [잠수] 안 하시는 분들은 휴식을 취하고 계셨으니까. 특별히 그 상황에서는 뭐 특이사항 같은 거는 없었던 거 같습니다.

면담자   동혁이가 아닌 다른 아이가 바다에서 올라오는 것을 보셨을 때는 좀 마음이 많이 힘드셨겠어요.

동혁 아빠   그렇죠. 그런… 그냥 어떻게 보면은 그 아이들, 제 아이나 마찬가지잖아요. 그 정말 수학여행에 들떠서 갔던 아이들이 하루아침에 죽음을 맞이하고 이렇게 올라오는데 그냥 어떻게 말로 표현을 못 할 거 같아요. 그냥 너무 화도 나고, 너무 미안하기도 하고.

면담자   아이가 올라오면 바지선에서부터 어떻게 움직입니까?

동혁 아빠   그걸 안 보여 줍니다.

면담자   아… 바지선을 탔음에도 불구하고 차단을 하는 거네요.

동혁 아빠   제가 알고 있기로는 바지선으로는 애들… 애를 안

올려요. 그 애들 찾아서 올라오면 바로 고무보트[에] 태워가지고 경비정에 가서 애들을 씻기고…. 예, 그렇게 한 다음에 지들끼리 뭘 정리하고 그러고 팽목항으로 데리고오는 거죠.

면담자   동혁 어머니가 예지력이 있으시네요. 동혁이가 올라올 거 같다고, 샤워하라고 예고하시고… 그래서 샤워를 하셨습니까?

동혁 아빠   예. 했습니다. 그 전에 또 어떤 일이 있었냐면은 교장… 선생이 그 사고 나서 애들도 찾지도 않은 그 상황에서, 17일날이었죠. 체육관 위에 올라가 가지고 사과… 사죄… 사죄한다고 선생님들하고 다 불러서 올라갔어요. 그니까 저희는 그게 지금 이해가 안 가요. 저는 그 교장도 조사신청서를 꼭 써야 되는 사람 중에 한 사람이라고 생각을 하는 사람인데, 그러고 나서 거기서 한 말이 뭐냐면 "교감 선생님은 어디 있냐?" 그랬어요, 우리가. 그랬더니 그 사람이 하는 말은 "교감 선생님은 소심하시고 내성적이라 못 올라오셨습니다" 이렇게 얘길 하는 거예요.

그 순간 동혁이 엄마가 저를 탁 치면서 했던 말이, "여보. 교감 선생님 자살할 거 같아" [하는 거예요]. 그리고 얼마 있다가 자살했어요. 사실 저는 어떻게 보면 교감 선생님이 가장 큰 키를 쥐고 있는 분이잖아요. 그들이 "자살했다"라니까 자살한 걸로 아는 건데… 저는 사실 그것도 의문이에요. 믿을 수가 없는 거죠.

면담자   17일 날 교장 선생님과 선생님들이 진도체육관 단

위에 올라가서 사과를 했네요?

동혁 아빠   저희가 하지 말라고, 내려오라고 뭐 하는 짓이냐고 물병을 던졌어요, 몇 분이. 근데 언론에는 딱 그것만 찍어가지고, 폭력적이라고…. 실종자 가족들[이] 폭력적이라고 딱 뜨더라고요, 기사가.

면담자   교장 선생님이 올라가서서 뭐라고 했습니까?

동혁 아빠   그니까는 "수학여행을 아이들 보냈는데 아이들을 지키지 못하고 이렇게 됐다. 너무 죄송하다. 부모님들한테 죄송하다" 그런 내용이었죠, 예. 저희는 사과하지 말라고 그랬거든요. "지금 아이들도 어떻게 됐는지도 모르고 찾지도 못했는데, 당신이 왜 그런 말을 하냐. 애들 다 찾은 다음에 그 얘기해라" 그러고 내려오라고 하면서 인제 몇몇 분들이 홍분을 하시니까. 그때 상황에서는 다 그럴 수밖에 없지 않습니까, 물병을 던지고 했었으니까.

8
동혁이 찾은 이후

면담자   4월 23일 새벽에 동혁이를 만났다고 조금 전에 말씀드렸는데요, 동혁이 올라온 이후에 상황에 대한 얘기를 해보겠습니다. 처음 어떻게 보게 되셨어요?

동혁 아빠　　　동혁이를요? (면담자 : 네) 잠깐 눈 붙이고 새벽 4시에 집사람이, 그 알림판에 [수습한 아이 알림이] 붙지 않습니까. 몇 번 몇 번 해가지고 인상착의 뭐 이런 식으로, 남학생 뭐, 키 얼마 뭐, 근데 인제 딱 MP3 [플레이어 이야기가 있는 거예요]. 우리 동혁이가 '검정색' MP3 [플레이어]였는데 '회색'이라고 써 있었더라고요. 집사람은 아까 말씀하셨듯이 예지력이 상당히 좋은 사람이에요. "지금 MP3 [플레이어] 쓰는 아이도 없다. 핸드폰으로 다 듣는다. 우리 동혁이다, 가자", 그리고 결정적인 토끼 이빨. 동혁이가 저를 닮아가지고 토끼 이빨이거든요. 그니까 인제 4시에 일어나 갖고 갔죠, 검안소를.

면담자　　　알림판에 뭐라고 쓰여 있었는지 다시 한번 좀 상세하게 말씀해 주시죠.

동혁 아빠　　　남학생. 키 175. 그리고 회색 MP3 [플레이어]. 그다음에 토끼 이빨. 옷은… 옷은 어떻게 했는지 그거까지밖에 지금 기억이 안 나거든요.

면담자　　　나머지는 회색 빼놓고는 다 맞았습니까?

동혁 아빠　　　아니죠. 키도 안 맞죠. 키도 더 컸죠, 동혁이가.

면담자　　　틀린 정보가 있었지만, 동혁 어머니 말씀으로 동혁이라고 느낌을 받으시고 움직이셨겠네요.

동혁 아빠　　　그렇죠. 인제 어후… 그때 생각하면은…….

면담자   그 알림판을 보시고 어디로 움직이셨어요?

동혁 아빠   바로 버스가 체육관 앞에 대기를 하고 있더라고요. 그걸 타고 팽목항 검안소로 바로 갔죠.

면담자   버스에 누구와 동승하셨습니까?

동혁 아빠   그때 저희 말고도 그때 당시에 아이들이 많이 나올 때였어요. 그래 가지고(한숨) 제 기억으로는 저희 반에 하용이 하고⋯ 하용이 부모님하고 순영이 부모님. 그 정도, 예. 그 정도 제가 탄 걸로 기억을 하거든요. 더 많은 분들이 탔는데 기억이 안 나요.

면담자   어쨌든 안내하는 해경이나 해수부 공무원이나 이런 분들도 타셨겠죠, 아무래도. 뭐 우리가 누군지 식별할 순 없겠지만.

동혁 아빠   예, 그렇지 않았을까⋯. 저는 그거까지는 기억이 안 나는데, 아무래도 그렇지 않았을까 싶은데요.

면담자   팽목까지 짧게는 20분, 뭐 길게 걸릴 때는 30분까지 걸리죠.

동혁 아빠   예, 한 30분 정도?

면담자   버스에서 심정이 어떠셨는지⋯.

동혁 아빠   아무 생각 없었고 그냥⋯⋯ 보면은⋯⋯ 미쳐⋯버릴 거 같은 그런 심정이었죠. 그리고 내가 동혁이를 어떻게 보지⋯⋯ 내가 과연 우리 동혁이를 볼 자격이 있나. 맨날 입⋯ 입으로만 "아빠가 지켜준다" 그랬는데, 지켜주지도 못했는데 우리 동혁이 불쌍해서 어떡하지… 많이 울었던 거 같아요, 그냥 그 상황에서.

면담자   그래서 팽목에 도착하셔서 주차장에 차를 세우고 도보로 검안소 쪽으로….

동혁 아빠   그니까 차를 세우면 바로 검안소랑 가까웠으니까는요.

면담자   그러면은 검안소를 이제 직접 부모가 들어가고 거기서 확인을 시켜주고 한 것이네요.

동혁 아빠   네. 그냥 구명조끼 입은 채로… 옷 다 입은 채로…… 동혁이를 만났죠.

면담자   한눈에 물론 확인을 하시고.

동혁 아빠   (고개를 끄덕임)

면담자   그래도 비교적 일찍 동혁이를 만난 편이시라서 몸의 상태나….

동혁 아빠   그냥 저희 동혁이는 되게 깨끗했어요, 예. 그니까 저는 그걸 보면서… 제가 그 이후로 동영상을 봤잖아요, 동혁이 나오는 동영상을. '얘는 이미 살 수 없다'라는 걸 인지를 한 거 같아요. 저한테 동영상 멘트 중에 [동혁이가] 그런 얘기를 하거든요. "우리 아빠 김영래 씨께 고합니다. 아빠, 제가 이번 일로 죽을 수 있을 거 같습니다. 아빠, 아빠, 아빠, 아빠…" 아빠를 엄청 많이 부르거든요, 우리 동혁이가. 그래서 좀 다른 아이들은 어떻게든 살리고 발 버둥 쳤던 아이들도 있잖아요. 손톱이 새까매 나온 아이들도 [있고 요]. 저희 동혁이는 그냥 마음을 내려놓지 않았을까. 그냥 잠자는 거 같았어요. 처음에 딱 만났는데 자는 모습하고 똑같았어요, 동혁 이…….

면담자　　　동혁 엄마도 뭐 많이 우셨겠네요.

동혁 아빠　　　그렇죠. 그때 옆에 하용이가 있었고, 그 옆에 순영이 가 있었고. 근데 동혁이가 순영이랑 단짝이거든요, 1학년 때부터. 같은 반이 아니었는데도 불구하고 만화 동아리 같이 하면서 순영 이가 저희 집에도 많이 놀러 왔거든요. 잠도 자고 가고. 근데 그 녀 석이 동혁이 옆에 옆에 있었죠, 순영이가….

면담자　　　확인을 하시고 그 이후에 상황, 그니까 안산까지 올 라오시는 상황에 대해서요, 어떤 수단으로 이동을 하셨는지 등등 을 좀 구체적으로 말씀해 주십시오.

동혁 아빠　　　아, 제가 그렇지 않아도 4월 22일 날 팽목에서 이주 영 장관을 비롯해서 인제 해수부 직원들하고 해경들하고 해서 회 의를 했어요. 무슨 회의를 했냐면은, 그전에 올라간 부모님들 중에 "시신에서 냄새가 난다"고 그런 얘기를 했거든요. 근데 나중에 알 고 봤더니 "119는 사망한 사람을 못 태운다"고 그러더라고요, 법적 으로. 근데 계속 119 차[를] 타고 올라온 거예요, 안산까지. 그니까 저희 올라오기 전까지. 그래서 그걸 회의 내용에 포함시켜 가지고 제가 "당신들 운구차로 아이들 안산으로 데려갈 수 있게 하라"고 [요구해서] 이주영 장관이 그때 약속을 했어요, 그렇게 하겠다고.

근데 동혁이 찾고 새벽에 목포 한국병원에 딱 갔는데 저보고 그 차 타고 가라는 거예요, 119 구급차를. "당신들 뭐 하는 소리냐? 어저께 이주영 장관이 운구차, 그리고 택시 한 대 부모님들 타고 갈 택시 한 대 준비해 주기로 했다. 뭔 소리냐?" 그랬더니만 자기네들은 들은 바가 없대요. "확인해 봐라" 그래서 거기서 30분 또 지체가 된 거죠. 그러면서 저부터 운구차로 아이들을 데리고 온 거죠, 저부터. 그러면서 자연스럽게 하용이나 같이 있었던 아이들이 다 인제 운구차로 온 거죠, 그때부터.

면담자   팽목에서 목포 한국병원까지는 어떻게 움직이셨 어요?

동혁 아빠   119 차로 왔어요.

면담자   아이는 다른 차로?

동혁 아빠   아니요.

면담자   아이와 함께?

동혁 아빠   아이가 누워 있는데 그 옆에… 예… 119 구급차 타고 온 거죠.

면담자   119 구급차에 아이의 시신과 부모를 같이 태우고 목포 한국병원까지 간 거네요.

동혁 아빠   예, 예.

면담자   목포 한국병원에서는 뭘 합니까?

동혁 아빠   그 DNA 검사. 맞는지 [확인하기 위해서]… 예.

면담자   DNA 검사 하고 그다음에 목포에서 다시 출발하셨겠네요?

동혁 아빠   제 아이라고 확인이 되면 거기서 안산 장례식장으로… 그것도 그네들이 지정해 준 장례식장으로 간 거죠.

면담자   네. 이 DNA 검사 등, 목포 한국병원에서는 어느 정도 시간이 지체가 되셨습니까?

동혁 아빠   그전에 이미 부모님들 DNA 채취를… 채취를 해가지고 다… 보관하고 있었어요. 아이하고 비교를 했겠죠.

면담자   시간은 어느 정도 소요된 걸로 기억하십니까?

동혁 아빠   그때 그 운구차 때문에 좀 실랑이가 있어 가지고 1시간 정도 아마 지체가 됐을 거예요, 아마.

면담자   알겠습니다. 그러면 운구차로 올라오시기 전에 장례식장이 결정되고 그러지는 않았겠죠.

동혁 아빠   결정이 됐죠.

면담자   아, 결정을 어떻게 하셨습니까, 누가?

동혁 아빠 김영래

동혁 아빠　　　저희도 누가 했는지 몰라요. 누가 했는지 모르고 "어디로 가라. 어디로 가라", 예. 그네들이 가라고 한 곳으로 간 거죠.

면담자　　　그러면은 그 운구차가 결정된 장례식장으로 움직이는 거고, 어머님, 아버님은 인제 다른 차로 그 운구차를 쫓아서 안산으로 가신 거네요.

동혁 아빠　　　예. 운구차 뒤에 택시 한 대씩 저기[대절] 해줬죠. 부모님들 타고 가시라고….

9
동혁이의 장례 1

면담자　　　이제 장례식 얘기를 조금 하겠습니다. 어느 장례식장에서 어떻게 장례를 지내셨는지요?

동혁 아빠　　　저희는 안산 장례식장에서 동혁이 보냈습니다.

면담자　　　그 장례식장에 안내라든지 뭐 음식 기타 등등 뭐 여러 가지 사안들이 있었을 텐데 그런 것들은 어떻게 처리가 됐습니까? 당연히 동혁이 엄마, 아빠가 준비할 수는 없는 노릇이기 때문에….

동혁 아빠　　　아, 제가 그 부분에 있어서도 짚고 넘어갈 부분이, 그때 당시에 나라에서 해주는 거라고 얘기를 분명히 했거든요. 근데 배상금에서 그걸 제하고 배상금이 나와요. 그래서 저희가 동혁이 엄마랑 물어봤어요. "니네들이 내는 것도 아니면서 왜 그때 당시 있는 생색 없는 생색 다 냈냐?", "거기에서 부모님들한테 한 번이라도 얘기를 해봤냐? 얘기한 적도 없지 않냐?" 그니까 눈속임이잖아요. 그렇죠?

그리고 저는 더 놀라웠던 게 뭐냐면 어느 장례식장은… 그때 제가 반 대표다 보니까 좀 우리 반 아이들을 많이 챙겼어요, 제가. 어느 장례식장 가면은 유골함도 65만 원짜리밖에 못 쓴다고 못을 박아… 그런 장례식장이 있더라고요. 그니까는 참 희한한 게 뭐냐면은, [부모들이] 큰소리 치고 따지고 화내고 그러면은 들어줘요. 근데 말 안 하고 그냥 가만히 있으면 그 사람들은 [유가족들을] 너무 기만[을] 해요. 예, 이 나라가 그렇더라고요. 지금… 저가… 제가 지나고 나서 생각해 보니까 그렇더라고요. 제가 심지어는 그런 장례식장마다 가가지고 제가 싸웠어요, 다. "니들 다시 가져와라. 팸플릿 다시 가져와라. 유골함? 그런 게 어디 있냐. 더 좋은 거 내놔라" 그런 식으로 제가 막 싸우면서 [여러 가지를 요구]했죠.

면담자   처음에 택시에서 내리서서 안산 장례식장에 도착했을 때 어떤 사람들이 맞이를 했습니까? 아니면 알아서 안으로 들어갔습니까?

동혁 아빠   아니요. 그때 아마 제 기억으로는 교육청 직원들이 나와 있었을 거예요 아마, 그때 장례식장마다. 그리고 저희가 갔던 장례식장 같은 경우에는 이미 저기 먼저 찾은 슬라바하고 하영이가 와 있었고요. 그리고 장례식마다 그 교육청 직원들이 배분이 되어 있었어요. 세 명인가? 예. 그 사람들이 뭐 일처리를 해주고 뭐 그런 식으로 했는데, 그때 역시도 그들이 알아서 해준 게 없어요. 저희가 요구하고 당신이 이렇게, "왜 이렇게밖에 안 했냐? 이렇게 해달라", 요구를 해야 그때만 들어주고… 그런 식이었죠.

면담자   예를 들자면 상복이라든지 이런 것들이 체계적으로 준비가 되었나요?

동혁 아빠   그것도 선택을 했죠, 선택을 하라 그래 가지고.

면담자   아무래도 주변 친지분이나 지인분들이 장례식장을 찾으셨을 텐데 그분들에 대한 안내나 식사 제공이나 이런 것들은 어떻게 됐는지 기억을 하시는지?

동혁 아빠   사실은 그 상황에서 그, 그럴 경황이 사실은 없었죠. 음식이 어떻게 나왔는지, 뭔 음식이 나왔는지 기억도 안 나고요.

면담자   장례식장에서도 꽤 많은 자원봉사자들이 있었던 걸로 제가 알고 있는데요. 혹시 그런 기억은 없으십니까?

동혁 아빠   경황도 없었고, 제 기억으로는 자원봉사자를 못 봤어요. 저희 회사 직원들이 나와서 도와줬거든요.

자원봉사자분들에 대한 기억

면담자　　　다시 이전 상황으로 돌아갑니다만, 진도체육관이나 팽목항에서 자원봉사자들을 만나거나 그분들에 대한 인상이나 그런 게 혹시 남아 있는 게 있습니까?

동혁 아빠　　　사실은 초반에는 사실 그분들에 대해서 고마움을 사실 몰랐고, 그때는 내 자식이 살아 있길… 바라는 마음밖에 없었으니까. 근데 인제 어느 정도 지나고 나서 정말 고생하신 분들 많았죠. 매끼마다 진짜 식사 챙겨서 주시는 분들. 처음 뭐 2, 3일씩은 다 밥을 못 드셨으니까, 부모님들. 저도 마찬가지였고, 예. 그런 상황에서도 항상 식사를 챙겨주셨던 분들도 있고, 뭐 말없이 진짜 뭐 세탁해 주시는 분도 있었고, 말없이 한의대생들이 내려와 줘서 정말 무료로 그냥 침 놔주시고, 예. 무료로 진찰해 주시고 했던 분도 있었고.

면담자　　　그 특히 진도체육관에서 한때 자원봉사자 조끼를 입지 않고 진도체육관에 뭔가에 도움을 드리려고 들어가면 실종자 가족들한테 욕을 먹는다든지 뭐 이런 얘기들도 좀 있었거든요.

동혁 아빠　　　그래요?

면담자　　　혹시 그런 상황은 기억을 못 하시죠?

동혁 아빠　　　예. 저는 제가 본 적이 없어 가지고 사실 그런 상황은 잘 모르겠네요, 제가.

면담자　　가족들의 심정이 굉장히 어려운 상황이었기 때문에 말하자면 도움을 주러 가는 사람의 신분 등을 확인할 길이 없었고, 심리적으로도 굉장히 힘든 상황이었기 때문에 뭐 그런 트러블이 일부 있었던 것으로 알려져 있는데요.

동혁 아빠　　근데 그럴 수밖에 없었던 게요. 어떤 사람들 같은 경우에는 구호물품을 차를 대놓고 싣고 가는 사람들도 있었거든요. 근데 그분들이 뭐 부모인지 뭐 자원봉사자인지 모르지 않습니까, 누구인지. 근데 충분히 저는 아마 들은 적은 없는데 뭐 자원봉사자와 뭐 다툼이 있었다거나 그 사람을 뭐 많이 혼냈다거나 아님 그런 얘기를 들은 적은 없는데, 그럴 이유가 없을 텐데 인제 아무래도 신경이… 저기 날카로… 신경이 날카로워질 수밖에 없는 상황이었으니까요. 작은 거에도 좀 많이 화가 나는 그런 상황이었기 때문에.

11
동혁이의 장례 2

면담자　　다시 장례식장 얘기로 돌아가겠습니다. 사람들이 많이 오셨는지요?

동혁 아빠　　많이 왔죠. 저는 초등학교, 중학교 동창 아이들도 상당히 많이 왔다 그래 가지고 깜짝 놀랐어요. 그리고 뭐 회사 직원

분들도 많이 오셨다 가시고. 인제 처가 쪽에 식구들이 그나마 좀 많아 가지고 식구들도 많이 왔다 가고.

면담자　　　주로 뭐라고 위로를 하시던가요?

동혁 아빠　　　그때는 뭐 뭔 얘기를 해도 제 귀에 들어오는 게 없었죠, 예. 그냥 그때는 살고 싶지 않았어요, 저는. 그냥 '빨리 동혁이한테 가야지'. 그 생각밖에 안 들었었어요, 그 상황에서는 제가.

면담자　　　인제 장례식 끝나고 동혁이 보내는 일이 남았을 때 뭐 또 여러 가지 결정을 하셨어야 될 텐데⋯장지를 어디로 하는지 등등⋯.

동혁 아빠　　　장지도 저희가 선택한 게 아니에요. 그냥 뭐 용인에 화장장으로 가가지고 거기서 동혁이 보내고 그걸 가지고 하늘공원으로 왔어요. 근데 제가 하늘공원[으로] 가고 싶다고 한 적도 없거든요. 그때는 장례식장도 마찬가지고 추모공원도 제가 정한 게 아니에요. 이 사람들이 그냥 정한대로 저희는 온 거 뿐이에요. [사전 협의가] 안 됐던 거죠.

면담자　　　하늘공원으로 동혁이를 보낸 다음에 그때가 제일 힘드셨을 거 같아요. 많이 우시기도 하셨을 거 같은데 마지막 작별하는 장면을 조금 말씀해 주시면 좋을 거 같습니다.

동혁 아빠　　　(한숨) ⋯ 제가 뭐 말도 안 되는 일이 벌어졌으니까는요. 제가 뭐 동혁이를 먼저 보낼 거란 생각을 한 번도 안 해봤고,

동혁 아빠 김영래

기가 막히면서도 꿈이었으면 하는 어떤 그런 생각이 많이 들었죠, 많이 들었고. 제가 인제 계속 말씀을 드리지만 저는 미안하다는 생각밖에 사실은 안 들거든요. 그때도 그랬고 지금도 마찬가지고요. 미안하다는 생각… 아직도 저는 동혁이 영정 사진을 똑바로 못 쳐다봐요, 제가. 쳐다보면 너무 미안해서. 그런… 그런 상황이다 보니까, 딱히 그냥… '왜 내가 여기 있어야 되지?' 그거죠. '왜 우리 동혁이가 여기 있어야 되는 거지. 인제 18살밖에 안 된 아이인데' 그런 생각만 들었죠. 이 현실이 너무 싫었던 거죠. 이 나라가 너무 원망스럽고.

면담자   동혁이를 하늘공원에 데려다 놓고 그리고 어떻게 하셨어요? 어떻게, 차로 집으로 이동을 하셨습니까? 어떻게 하셨습니까?

동혁 아빠   그렇죠. 버스로 이동을 했죠.

면담자   아, 버스가 계속 제공이 됐었나 보네요.

동혁 아빠   그렇죠.

면담자   그리고 인제 댁으로?

동혁 아빠   아니요. 저희 동혁이를 4월 25일 날 보냈는데 그날이 임시총회가 있던 날이었어요, 3시에. 근데 동혁이를 보내고 그 시간이 거의 비슷했어요. 집사람이 "임시총회[에] 나가자" 그래서 바로 아마 제 기억으로는 그때 올림픽기념관 뒤에 거기를 나갔죠.

면담자   처음에 경기도미술관으로 들어오기 전에 올림픽기
념관 뒤쪽에서 회의를 하셨군요.

동혁 아빠   그렇죠. 그다음에 와스타디움에 있었죠.

면담자   와스타디움으로 옮겼다가 미술관으로 오신 거군요.

동혁 아빠   그렇죠. 그러고 있다가 그때 아마 뭔 축구 대회가 있
다 그래 가지고 아시안게임인가? 아, 아시안게임[을] 인천에서 했잖
아요. 축구경기가 인제 안산에서도 게임을 해야 된다 그래 가지고,
"비워줘야 된다" 그래 가지고 와스타디움에 있다가 미술관으로 온
거죠.

면담자   장례 직후 상황에 대해서 조금 여쭐 필요가 있어서
요. 그날 임시총회는 이미 유가족 대표 등이 완전히 정해진 상황이
었던 건가요?

동혁 아빠   아니죠, 그날 정한 거죠.

면담자   25일 임시총회에서?

동혁 아빠   예. 그때 당시에 제가 인제 임시총회에 가니까 정확
히 기억은 안 나는데 누구 작은할아버지가 대표를 하고 있었었어
요. 2반에 누구 할아버지인지는 제가 정확히 기억이 안 나요. 그분
이 대표를 하고 있었고, 저희 반 오천이 형 △△가 총무를 하고 있
었어요, 그때 당시에. 그러면서 인제 그 작은할아버지라는 분이
"오늘 임시대표를 뽑아야 된다"[고 하셨는데] 근데 지원자가 아무도

없었어요. 그래서 그분이 생각을 한 게 진도에 있을 때 반 대표 하신 분들 나오라고 그런 거예요. 그래서 나간 게 저하고 3반에 빛나라 아빠하고 2반에 민지 아빠하고 세 명이 나간 거죠. 근데 인제 민지 아빠는 못 한다고 그러고, 저도 집사람이 "직장 복귀일이니까 [해야 하니까] 당신은 하면 안 된다"고 그래서 저도 인제 "도와는 드리는데 임시 대표는 못 합니다" 얘기를 했고. 그 와중에 빛나라 아빠는 본인이 할 의지가 좀 있었던 거 같아요. 자연스럽게 그때 그냥 투표도 안 했고 뭐 거수도 안 했고 자연스럽게 그냥 그렇게 해 가지고 임시대표가 된 거죠, 빛나라 아빠가.

면담자   댁으로 처음 25일 날 들어가셨겠네요.

동혁 아빠   아니요. [그 전에] 잠깐은 들어갔었죠, 잠깐은 들어가고. 인제 그러고 나서 빛나라 아빠가 임시대표가 되면서 자연스럽게 저는 민지 아빠랑 저는 또 일을 하게 된 거예요. 그러다가 천막이 필요해 가지고 분향소 앞에 천막을… 아, 이제 그때는 올림픽기념관에 차려졌을 때죠, 임시분향소가. 그러면서 분향소를 옮겨야 된다고 하면서, 그러는 와중에 화랑유원지로 분향소를 옮기면서, 천막이 필요하다고. 그니까 막 [천막] 치면서 거기서 제가 일주일을 생활을 했죠, 집에 못 들어오고. 동혁이가 많이 생각나서….

12
동혁이에게 하고 싶은 말

면담자　　　활동과 관련된 말씀을 다음 회차에서 더 상세하게 들었으면 합니다. 오늘 저희가 이야기 나눈 것이 동혁이가 팽목에서 올라와서 하늘공원에 자리를 잡는 때까지의 이야기를 했습니다. 회상하기 쉽지 않은 그런 기억을 되살려 주셨는데요. 끝으로 동혁이에게 하고 싶은 말, 그런 거를 좀 해주서도 좋을 거 같습니다.

동혁 아빠　　　하고 싶은 말은, 못나고 무능력한 아빠 만나서 세상에서 꽃도 피워보지 못하고 어이없게 갔기 때문에, 제가 인제 아까도 말씀을 드렸지만, 동혁이가 하고 싶어 했던 거를 제가 못 해준 거에 대해서 가장 마음이 아프고 미안하고. 그리고 좀 제가 엄하게 키우면서 우리 동혁이를 힘들게 했던 부분에 대해서 너무 미안하고, 그래도 아빠는 우리 동혁이가 아빠 아들로 태어나 줘서 너무 너무 고맙고, 아빠한테는 최고의 아들이었고, 너무 너무 보고 싶고, 너무 너무 사랑한다고 얘기해 주고 싶습니다.

면담자　　　긴 시간 상세하게 말씀을 해주셨어요. 감사드리고요. 이것으로 2차 구술을 마치도록 하겠습니다.

동혁 아빠　　　고생하셨습니다.

면담자　　　네. 고맙습니다.

동혁 아빠 김영래

3회차

2016년 2월 2일

· ·

1
시작 인사말

면담자　　　본 구술증언은 4·16 사건에 대한 참여자들의 경험과 기억을 기록으로 남김으로써 이후 진상 규명 및 역사 기술에 기여하고자 합니다. 지금부터 김영래 씨의 증언을 시작하겠습니다. 오늘은 2016년 2월 2일이며, 장소는 안산시 단원구 4·16기억전시관입니다. 면담자는 김익한이며, 촬영자는 이예성입니다.

2
동혁이 장례 후 활동

면담자　　　오늘은 그 동혁이 장례 지낸 후에 아버님이 현재까지 활동하신 내용을 중심으로 해서 이야기를 나누고자 합니다. 우선 안산에서의 초기 활동이 일반적으로 많이 알려져 있지 않습니다. 동혁 아빠가 처음 활동을 시작한 것이 와스타디움에 있을 때입니까?

동혁 아빠　　　아닙니다. 그때가…. 그 올림픽기념관 뒤에 2층이었습니다, 그때 당시에.

면담자　　　그래서 아마 장례하신 날부터 올림픽기념관 2층에 사무실에 나오셔서 뭐 임원 구성하고 등등에 참여하고 하셨다고 알고 있는데, 그 초기 상황을 조금 말씀해 주시면 좋겠습니다.

동혁 아빠　　　그니까는 동혁이를 4월 25일 날 보내고 그날 오후 2시인가에 그 임시총회가 있어 가지고 임시총회에 나가게 됐습니다. 나가게 됐는데 인제 그 자리에서 임시위원장을 선출해야 된다고 그래 가지고 지원자를 받았는데, 지원자가 아무도 없어 가지고, 그때 인제 사회 보셨던 분이 정확히 기억은 안 나는데, 2반에 그 누구 작은할아버지셨는데, 그분이 임시대표를 하고 계셨는데, 그분이 지원자가 없으니까 "진도에서 인제 대표했던 분들 앞으로 나오라" 그래 가지고 나갔던 사람이 2반에 민지 아빠, 그다음에 3반에 빛나라 아빠, 그다음에 저, 세 명이 나가게 됐습니다. 거기서 임시위원장을 선출하는데 민지 아빠하고 저하고는 여러 가지 사정상 임시위원장을 할 수 없다고 그래 가지고 자진사퇴를 한 상태였고, 그때 빛나라 아빠 같은 경우에는 본인이 하겠다고 해서 그때 인제 임시위원장으로 빛나라 아빠가 선출이 됐습니다.

그러고 나서 그다음 날부터 바로 아마 와스타디움에 저희 가족 대책위 사무실이 차려져 가지고, 제가 와스타디움으로 출근하게 된 거죠. 그때부터 저는 다른 뭐 활동을 한 건 없고, 그냥 그때 당시에 반 대표로서 활동을 했고. 그러다 보니까 그때 당시에 26일? 25일? 요때 또 발인했던 저희 반 아이들이 많았거든요. 그래서 제가 25일 날 저녁으로 제가 기억을 하는데, 한 여덟 군데를 다닌 거 같아요, 장례식장을. 그렇게 활동을 시작을 한 겁니다.

면담자　　　　4월 말까지는 그 활동이 주로 어떤 것을 중심으로 해서 이루어졌습니까?

동혁 아빠　　　그때는 뭐 활동이라고 할 거까지도 없었고요. 〈비공개〉 화랑유원지에 합동 임시… 아니 [정부]합동분향소가 설치가 되면서, 그 앞에 천막이 쳐지고 하면서, 저는 집에 안 들어가고 인제 천막에서 잠을 자고 생활을 한 거죠. 한 일주일 정도를.

면담자　　　　화랑유원지 그 분향소 생기고 천막 쳐진 게 대체로 4월 말이죠?

동혁 아빠　　　예. 4월 한 28일이나 29일 정도로 제가 기억을 하거든요.

면담자　　　　뭐 큰 활동이 없었다고는 말씀을 하시지만 5월 초가 되면 대표적으로 KBS의 김시곤 보도국장의 발언이 문제가 돼서 유가족 중 상당분들이 영정 사진을 들고 KBS하고 청와대를 항의 방문을 하지 않습니까? 4월 말까지 사실은 김병권 위원장을 중심으로 하는 내부 운영 체계가 안정되고 또 다른 유가족들과의 관계나 결속도가 아주 높은 상태는 아니었거든요. 그런데 바로 5월 초, 그날이 5월 8일이죠? 그때부터 말하자면 정확한 어떤 운동, 그리고 결속된 모습 이런 걸 보였다는 거죠. 그래서 그 사이에 차이가 어디서 나온 것인지가 사실은 궁금합니다.

동혁 아빠　　　그냥 제가… 제 생각을 잠깐 말씀드리자면 사실 그때는 우리 부모님들은 오로지 그냥 분노 하나였어요, 내 자식의 억울함에 대한 분노. 그거 하나였기 때문에 그때 당시에 또 그 KBS 김시곤 보도국장이 음… 그 아나운서나 그 앵커들한테 그런 어떤 그 복장에 대해서까지 ["검은 옷을 입지 말라"고] 그 간섭을 했다는 거하고, 우리 세월호 유가족들을 폄하했다는 그 말 자체만으로도 굉장한 공분을 샀던 그런 시기였거든요. 사실은 보이는 게 없었죠, 그때는. 그러다 보니까 지금 김병권 그 임시위원장이 잘했던 부분이 사실 뭐냐면, 뭐 하자 하면은 그분 같은 경우에는 "하자"라고 딱 했을 때 그 분노와 어떤 그 울분이 딱 차 있다 보니까, 그거는 한마음이었던 거 같아요, 부모님들이.

그러다 보니까 저 역시도 그날 같이 올라갔고, 아이 영정 사진을 가지고 같이 올라갔고, KBS에서 싸움도 많이 했고, 경찰들하고. 그 와중에 저희가 참 놀랐던 게 뭐냐면 버스에서 딱 내리는데 경찰이 차 병력이 한 4단으로 쌓여 있더라고요. 버스 앞에 병력이 있고 버스 있고 뒤에 또 병력이 있고, 그 뒤에 또 병력이 있고. 결국은 저희가 그걸 못 뚫었죠. 못 뚫어가지고 밖에서 외치니까 그때 아마 KBS 사장이 길환영 사장이었을 겁니다. 그 [가족들 중] 대표 격만 [선별]해 가지고 들어오라고 그러더라고요, KBS 본관으로. 그때 당시에 제가 그 대표 격으로 해서 들어갔어요. 들어갔는데, 그 입구에서부터 결국은 막혔죠. 나오라고, 김시곤 나오라고, 길환영 나오라고 그랬는데 결국은 안 나왔죠. 둘 다 안 나오고, 야당 의원이 그때 한 다섯 분 정도 계셨거든요, 지금 더불어민주당 그 의원분들이.

동혁 아빠 김영래

근데 제가 봤을 때는 얼굴도 아는 분들도 있고 중진 의원들이었어요. 근데 그 안에서 KBS 예능국장이라는 사람이 딱 나와 가지고, 그 국회의원들을 향해서 "당신들 뭐냐?"고, "당신들이 왜 여기 있냐? 나가라"고 하니까 누구 하나 큰소리를 못 치더라고요. 그리고 조용히 나가시더라고요. 그니까 결국은 저희는 대표 격으로 해가지고 다섯 명이 들어갔지만 얘기한 게 아무것도 없이 아무 소득도 없이 나온 거예요.

그러다 보니까 또 "대통령한테 우리가 따져야 된다. 대통령한테 얘기를 하자"라고 해서 버스를 안산으로 돌린 게 아니라 청와대로 돌렸던 거죠. 역시나 뭐 입구 가니까 막혔죠. 막혀서 결국은 거기서 실랑이 벌이다가 그나마 길을 열어줘 가지고 청운동사무소 앞에 진을 치게 된 거죠.

면담자   그때 대표로 참여하셨던 가족들을 좀 기억하실 수 있겠습니까?

동혁 아빠   다는 기억 못 하고요. 그때 김병권 전 위원장하고, 김형기 수석 부위원장도 있었던 거 같아요, 제 기억으로는. 그리고 정확히 기억나는 분은 2반에 지아 아빠, 그다음에 5반에 진환이 아빠, 그다음에 저. 그렇게 다섯 명이 들어간 걸로 제가 기억을 하거든요. 〈비공개〉

면담자   지금은 분과장이라는 용어를 씁니다만, 그 당시에는 부위원장이라고 했죠.

동혁 아빠　　　수석 부위원장 있었고. 진상분과 뭐 부위원장, 예.

면담자　　　그 부위원장들을 거수투표로 뽑기 시작한 게 언제부터입니까?

동혁 아빠　　　제가 정확한 날짜를 기억을 못 하는데 아마 그게 와스타디움에서 그렇게 선출을 했거든요. 한 5월 초 정도 된 거 같은데, 제 기억으로는. 그게 아마 올라가기 전이었을 거예요, 아마. KBS랑 청와대 올라가기 전이였으니까 5월 초 정도가 되지 않았을까 싶습니다, 제 기억으로는.

면담자　　　KBS 항의 시위를 누가 강력하게 제안을 했는지 혹시 기억하십니까?

동혁 아빠　　　그땐 김병권 위원장이 "가만히 있으면 안 된다"라고 얘기를 한 걸로 저는 기억을 하거든요.

3
대통령 면담과 대국민 담화 발표

면담자　　　바로 이어서 5월 중순에 5월 16일입니다만. 인제 대통령 면담이 이루어집니다. 그래서 면담자 선정 과정이라든지 면담에서 어떤 발언을 할 것이라든지 등에 대한 가족들 내부에서 논의 같은 게 있었는지요?

동혁 아빠　　　없었습니다. 〈비공개〉 그때 당시에 제가 김병권 씨하고 저하고 사이가 많이 틀어졌을 당시거든요, 사실 그때는. 왜 틀어졌냐면은 안산에서 처음 촛불집회[에] 3만 명 모였을 때가 혹시 며칠인지 기억하십니까? 그게 저희가 KBS 올라가기 전이죠. 그렇죠?

면담자　　　저도 기억이 가물가물합니다.

동혁 아빠　　　제 기억으로는 아마 올라가기 전일 겁니다[2014년 3월 11일, KBS 항의 방문 직후]. 근데 분명히 그때 당시에 김병권 씨가 항상 했던 말이 "정치적으로 중립적이어야 된다. 나서면 안 된다. 어떠한 집회나 문화제에도 참여하면 안 된다" 그런 생각을 가지고 있었던 사람이거든요, 그때 당시에.

　　　근데 동혁이 엄마가 간 거예요. [안산] 문화광장에 가가지고 [촛불집회에서] 편지를 읽었잖아요. 근데 그때가 저희 임원회의 할 때였어요. 갑자기 김병권 씨가 저한테. "야, 동혁이 엄마 어디 가? 촛불집회 갔어?" 막 그러는 거예요, 저한테 "난 모른다"고 "어디 갔는지 모른다"고 그랬더니만 전화를 누군가에게 받았던 걸로 제가 기억을 해요. 그러면서 막 전화기에 대고 막 그러는 거예요. "동혁이 엄마 편지 읽고, 수현이 아빠도 편지를 읽었다"고. 근데 저는 그게 웃긴 게 뭐냐면, 그게 정치하고 그때 당시에 뭔 상관이 있었던 건지 저는 이해가 안 가는 거예요. 〈비공개〉

면담자　　　대통령 면담이 언론을 통해서 알려지니까 당연히 가족들은 대통령이 어떤 발언을 했는지, 그다음에 참여한 유가족들이 무엇을 요구했는지 이런 걸 다 나중에는 알게 되셨을 텐데요.

동혁 아빠　　　아니요. 거기에 대해서도 정확히 누가 거기 청와대 가서 뭘 요구했는지 어떠한 내용의 대화를 했는지 사실 확실하게 아는 부모님들은 없는 걸로 제가 알고 있거든요. 왜냐하면 저희 같은 경우에도 전혀 몰랐고, 뉴스를 통해서 알았으니까요. 그 사전에 그때 당시에 가족대책위에서 부모님들한테 뭐 공지를 했다거나 이런 내용이 전혀 없었어요. 그렇기 때문에 거기 간부들도 뭘 기준으로 선정을 했는지도조차 모르는 거죠. 그러면서 그냥 유야무야 그냥 흐지부지 넘어가게 된 거죠. 〈비공개〉

면담자　　　5월 19일 날 대통령이 대국민 담화 발표하는 그 상황에 대해서는 여러 가지 의구심을 갖고 있는 부모님들도 꽤 있으시더라고요.

동혁 아빠　　　그렇죠. 예.

면담자　　　네. 지금 와서 보시면 어떻게 생각하시는지요?

동혁 아빠　　　저 개인적으로 생각하면 그것 또한 연출이고 연극이었다는 생각밖에 안 드는 거죠. 짜여진 시나리오에 의해서 대통령이라는 사람이 그렇게 했다는 거밖에 안 비춰지는 거죠. 어떻게 보면 그건 사기잖아요. 대국민을 상대로 한 사기예요. 과연 대통령이라는 사람이 그때 그 담화문대로 한 게 과연 뭐가 있습니까. 단 한 가지라도 있습니까?

동혁 아빠 김영래

면담자　　　그 당시에 핵심은, 직접 언급은 하진 않았지만, '유가족들이 안심할 수 있는 특별법을 만들겠다. 그리고 모든 것은 나의 책임이니 앞으로 적절하게 대처하겠다' 아마 이렇게 받아들여질 수 있는 것이었죠.

동혁 아빠　　　거기서 한 가지 추가하자면 '유가족이 여한이 없게' [해주겠다], 예.

면담자　　　그 직후에 대통령 담화에 대해서는 어떻게 받아들이셨는지요? 그러니까 '희망이 열렸다'라든지, '감사하다'든지 이런 느낌들이 있으셨는지요?

동혁 아빠　　　사실 그때는 저희는 당연히 한 나라의 책임자인 대통령이 그렇게 얘기를 했는데 그 말을 믿을 수밖에 없는 상황이었죠. 뭐 지금 와서 뭐 생각하자면, 참 바보 같은 믿음이었지만. 그 믿음이 산산조각 난 상태지만, 그때 당시에는 '아, 정말 대통령이 저렇게까지 얘기하는데, 뭔가 되겠구나'라는 생각을 안 가질 수가 없었죠, 그때는.

면담자　　　대통령 얘기는 제가 조금 더 깊이 있는 질문을 드릴 수밖에 없는데요. 사실은 한국 사회가 갖고 있는 특징 중 하나인데, 굉장히 민주주의가 많이 진전이 되고 사회문화가 여러 형태로 현대적으로 바뀌었음에도 불구하고 대통령을 나라의 아버지처럼 이렇게 마음속으로 생각하시는 분들이 적지 않다고들 합니다.

동혁 아빠   그렇죠. 예.

면담자   그래서 그때 대통령 담화나 또는 진도에서 대통령에게 무엇을 요구하는 것이나, 그런 것을 하실 때 '결국은 대통령이 모든 것을 할 수 있다' 또는 '대통령이 나라의 아버지로서 우리를 지켜줄 수 있다' 이런 바람이랄까, 그런 게 좀 있으셨는지요?

동혁 아빠   그때 당시에는 당연히 [바람이] 있을 수밖에 없는 상황이죠, 저희 부모님들 입장에서. 4월 17일인가 그 진도체육관 왔을 때도 사실 거의 그냥 바짓가랑이라도 제가 붙잡고 사정하는 상황이었으니까. 그리고 그때 당시에도 분명히 대통령 입으로 직접 얘기를 했거든요. "책임질 사람들은 책임을 반드시 져야 되고…", 그렇죠? "최선을 다해서 구조를 할 수 있도록 하겠다" 했는데 결과론적으로… 언딘이 처음 잠수한 날짜가 언제인지 아십니까? 언딘이 처음 잠수한 날짜가? 모르시죠?

면담자   모릅니다. 20일 넘어서 아닌가 이렇게 생각합니다.

동혁 아빠   8일째 되는 날부터 들어갔어요, 언딘은. 그거를 특혜를 가진 게 해경이란 말입니다, 예? 그러면 과연 언딘이 그 해경 그 수뇌부들하고 얼마나 그 정말 그 뭐라 해야 되나, 거미줄 같은 유착관계가 형성되어 있지 않을까 저는 그렇게 생각을 하고. 그게 실제로 들어맞았잖아요. 최상환 해경차장이 결국은 뇌물수수죄로 들어갔잖아요. 그거는 저는 하나의 그냥 뭐라 해야 본보기라고 해야 되나? 저는 그것보다 10배, 100배 이상의 어떤 유착관계가 있다고 생각하는 사람이거든요.

면담자   유가족들이 참사 초기에 대통령을 통해서 무엇인가를 관철시키고자 하는 생각을 가졌었다가, 지금 이제 상당히 많은 유가족분들이 '대통령을 통해서 무엇을 해결하는 것이 아니었구나' 하는 것을 파악을 하고 계신다고 보여지는데요.

동혁 아빠   예. 맞습니다.

면담자   그것과 관련해서 사실은 대통령 담화 발표 이후에 6·4지방선거가 이루어지고 지방선거에서 여당이 압승을 하죠. 그 지방선거 때 유가족들은 좀 어떤 심경이셨는지요?

동혁 아빠   이미 어쨌거나 저희는 대부분의 그 부모님들 생각은… 이미 이 나라 정부와 대통령한테 너무 큰 실망을 했기 때문에 어떻게든 야당이 표를 가져가야 된다는 어떤 그런 마음가짐으로… 실제적으로 삼삼오오 부모님들이 모이면 대선 때 박근혜 대통령을 찍었던 분들조차도 "여당을 찍으면 안 된다. 무조건 우리는 야당을 찍어야 된다"라는 어떤 그런 분위기가 자체가 형성이 됐었죠, 그때 당시에. 일단은 투표는 무조건 하되, 야당 후보에 투표를 해야 된다. 어떤 그런 분위기였었죠, 부모들 사이에서는.

면담자   그 5월 19일 대통령 담화가 6·4지방선거에서 대통령과 정부 여당이 세월호 참사에 대해서도 적극적으로 대응하는 것을 보여주려는 소위 선거용 담화였다는 생각들을 혹시 그 당시에 하셨는지요?

동혁 아빠　　그 당시에 뭐 100프로는 아니었더라도 어느 정도 인지는 하고 있었던 게, 4월 17일 날 진도체육관에 내려왔을 때도 마찬가지였고, 5월 19일 대국민 담화 했을 때도 마찬가지였고, 저희는 계속 속아왔잖아요. 그다음에 진도에서 항상 하는 말이 해경 그 차장이라는 사람이 나와서 하는 말이, 항상 "구조는 어떻게 됐습니까?" 물어보면은 하루에 네 번인가 브리핑을 했어요. 똑같은 말이에요. 그래 놓고 결과론적으로는 초기에 그 아이들 시신 이양한(수습한) 분들은 다 민간 잠수사예요. 근데 더 웃긴 게 뭐냐면 그 민간 잠수사분들이 아이들을 수습해 가지고 올라오면, 해경이라는 정말 이 정부기관에서는 뭐라고 얘기하는지 압니까? 그 녹취록에도 있습니다. "자기네들이 찾은 것처럼 해달라"고.

　　그게 이 나라 현실이었던 거죠. 이미 저희 부모님들은 그때부터 조금씩 이 나라에 대한 믿음과 신뢰가 다 깨져나가고 있는 상태였죠. 그런 상태에서 그나마 바보스러울 정도로 대통령 담화문이었기 때문에, 이거는 전 국민을 상대로 담화문을 발표했기 때문에 그래도 실낱같은 희망을 가졌던 게 사실이죠. 저부터도 마찬가지고 많은 부모님들이 그렇게 생각을 하셨던 거죠. 근데 그렇기 때문에 그 6·4지방선거 선거용이라는 사실 생각은 많이 못 했죠, 그때 당시에는 설마. 아까 교수님이 말씀하셨죠? 이 나라 국부가 하찮은 우리 세월호 유가족들한테 이렇게 큰 상처를 줄 거라는 생각을 못 했던 거죠.

4
국회 농성 시작

면담자   그래서 2014년 5월은 어찌 보면 굉장히 격동적인 시절이었는데요. (동혁 아빠 : 그렇죠) 5월 말에 인제 국정조사를 요구하면서 국회 농성을 인제 시작하십니다. 그때도 70여 명이.

동혁 아빠   예, 저도 그 자리에 있었습니다.

면담자   농성에 참여하신 걸로 알고 있는데, 이것도 누가 어떤 이유로 문제 제기를 해서 가족들이 그렇게 움직였는지 혹시 기억을 하십니까?

동혁 아빠   아휴, 전혀 기억이 안 납니다. 그때 당시에 제가 그때 당시에는 뭐 반 대표도 아니었고, 그렇지만 생각한 게 제 아이 일이니까 '이거는 가만히 있어서 될 부분이 아니다' 생각을 했고, 무조건 그냥 그 가대위[가족대책협의회]에서 하는 대로 같이 움직여졌던 그런 시기였거든요, 저 같은 경우에는. 그래서 국회, 인제 교수님 말씀대로 농성할 때 저도 국회에서 잠을 자고 했었는데 정확히 그때 누가 제안을 해서 국회 가서 농성을 하게 됐는지는 잘 모르겠습니다, 저도.

면담자   4·16 이후 한 달이 조금 지난 상황, 그리고 가족들의 조직화랄까 그 유가족대책회의 운영체계랄까, 이런 것들이 채 안정되기 이전인데요. 5월 27일에서 29일까지 국회의원회관 대회의

실에서 농성을 했거든요.

동혁 아빠   예예. 그럴 겁니다.

면담자   5월 말에 국정조사를 요구하면서 국회 안에서 직접 행동에 들어가신 겁니다. 혼돈의 시기에 그런 정확하면서도 단결된 모습으로 싸움을 한 것에 동력이 어디 있었을까요?

동혁 아빠   동력은… 교수님, 제가 아까도 말씀드렸다시피 그때 당시에 부모잖아요. 자식을 잃은 부모잖아요. 더군다나 교수님 말씀하셨던 것처럼 기간이 한 달 조금 지난 어떤 그런 시점이기 때문에, 그때 당시에는 사실은 그냥 내가 죽든 니들이 죽든 그냥 어떻게 보면은 최악의 상황이었던 거죠, 부모님들 입장에서는. 그니까 뭐든 해야 되겠다. 근데 과연 교수님 말씀대로 뭘 어떻게 해야 될지 몰랐기 때문에 그때 당시에 아마 변호사분들이 도와주셨지 않았나, 제 생각으로는 그런 생각을 해요. 사실 저희 부모님들 머리에서 사실 그거를 그렇게까지 계획적이고 체계적인 어떤 그런 계획을 수립할 수 있는 그런… 사실 마음의 여유가 없었거든요, 부모님들 사이에서는.

면담자   그때 좀 적극적으로 도우셨던 변호사님은 어떤 분들이 계셨을까요?

동혁 아빠   그때도 아마 역시 박주민 변호사 계셨고, 황필규 변호사 계셨고… 다른 분들은 잘 모르겠네요, 제가.

면담자　　　알겠습니다.

5
국정조사 특위

면담자　　　5월 말 국회에서 2박 3일 농성을 하시고 6월 2일 날 바로 국정조사 특위가 가동이 됩니다. 그리고 국정조사 특위가 가동된 며칠 후인 6월 4일 날 지방선거가 이루어지고요. 국정조사 특위의 초기 활동에 대한 기억하고 선거 이후에 국정조사 특위 활동에 대한 기억이 혹시 나시는지요?

동혁 아빠　　　예. 제가 그 부분에 대해서는 너무 상세하게는 기억이 안 나고 그때 그 특위위원장이 아마 심재철 위원일 겁니다, 아마. 맞습니까?

면담자　　　맞습니다.

동혁 아빠　　　예. 그분이 그 특위위원장이…, 동혁 엄마랑 그 이완구, 그때 당시에 이완구가 원내대표였죠? 이완구 그 국회의원이. [동혁 엄마가 이완구 원내대표한테] 따졌어요. 심재철 의원이 그… 하자가 있는 거 아시죠? 그전에 뭔 사건에 또 특위위원장[2012년, 민간인 불법사찰특위 위원장]을 했었었는데 유야무야 아무것도 밝혀진 것도 없고 아무 해결된 것도 없고 돈만, 그… 따박따박 월급만 받아간 사건이 있었어요, 제가 지금 기억이 안 나는데. 그리고 그 사람이 또 그 국회에서 회의할 땐가 그 왜 야동 보는 어떤 그런 게 매스컴에 나와가지고 한참 곤욕을 치렀잖아요. 그래서 "그런 사람이 어떻게 국정조사 특위위원장을 할 수가 있냐. 우리는 반대다" 해가지고 한참 실랑이를 벌인 적이 있어요. 이완구 원내대표랑 동혁이 엄마랑.

면담자　　　사실은 그래서 국정조사 특위에서는 유가족들이 바라는 큰 성과는 이뤄내지….

동혁 아빠　　전혀 없었죠.

면담자　　　그래서 국정조사 특위가 그렇게 끝나게 됐고, 그래서 실망감들이 상당히 큰 그런 상태가 되셨겠네요.

동혁 아빠　　그렇죠. 뭐 전혀 나온 것도 없고 그냥 야당 의원들조차도 그냥 질문 [몇 개 하고 치우는]… 형식이었으니까는요.

면담자　　　지나서 해석입니다만 그래서 국정조사 특위 시기에 6·4지방선거가 끝나고 여당 의원들 공세가 상당히 강했었고요. 혹시 기억하실지 모르겠습니다만, "유가족이면 가만히 있으라"라는 발언을 한….

동혁 아빠　　조원진, 예.

면담자　　　그 상황 때 국회에 혹시 계셨는지요?

동혁 아빠　　아니요. 저는 그때는 회사에 복직을 한 상태라 저는 그때 국회에는 없었습니다.

동혁 아빠 김영래

면담자   국정조사를[국정조사의 성격을] 상징하는 발언이었다
고 해석을 할 수 있을 것 같습니다. 그리고 6월 달에 인제 생존 학
생이 단원고에 등교를 하게 되는데 그때도 그러면은 현장에는 없
으셨겠네요.

동혁 아빠   예. 저는 회사 때문에 인제 동혁이 엄마만…, 예.

6

국회 농성과 버스 투어의 대한 기억

면담자   이후에 특별법 제정을 위한 서명운동이 이루어지고
요. 국회 농성이 7월 12일 날 이루어지지 않습니까. 그래서 그 시
기 전체에 대해서 기억나시는 것을 편하게 말씀해 주시면 좋을 거
같습니다.

동혁 아빠   제가 지금 이해를 못 했습니다. 교수님.

면담자   그러니까 어… 전국 서명 시작한 거 하고요. 그다음
에 버스 투어를 했었거든요.

동혁 아빠   예, 알고 있습니다. 저도 갔다 왔습니다.

면담자   그래서 버스 투어의 얘기라든지, 그다음에 7월 12일
날 국회에서 농성을 시작합니다. 국회에서 농성을 했을 때의 기억
등에 대해서 기억나시는 거를 편하게 말씀해 주시면 좋겠습니다.

동혁 아빠   그때 당시에 7월 12일 날 국회 농성 들어가면서부터 저희가 인제는 광화문하고 국회에서 단식이 같이 시작이 된 거죠.

면담자   국회 농성을 먼저 들어가시고요. 그다음에 인제 광화문으로는 사흘 후인 7월 14일 날 가고, 그다음에 조금 지나서 단식이 시작됩니다.

동혁 아빠   아, 국회에서?

면담자   그렇죠. 국회에서 단식이 시작되죠.

동혁 아빠   저보다 더 잘 아시는데요(웃음). 저 같은 경우에는 아마 그 버스 투어 같은 경우에는 그때 당시에 제 기억으로는 동혁이 엄마가 아마 대외협력분과장은 아니고 팀장으로 해가지고, 그때 인제 정무 아빠를 도와주고 있었던 시기였었어요. 사실 서명이라든가 피케팅이라든가, 이 모든 부분이 5월 초에 동혁이 엄마가 제안을 한 거였거든요, 사실은. 근데 그때 당시에 제안을 했는데 그 가대협[가족대책협의회]에서 그냥 '그게 되겠어? 그거 해서 뭐 효과 있겠어?' [하는] 사실은 반신반의한 상황 속에서 결국은 시작을 한 거죠.
    시작을 하다 보니까 그때 아마, 그때 국민대책위 대표가 김은진 씨라고 아마 그분이었을 거예요. 그분하고 인제 동혁이 엄마랑 회의를 많이 했어요. 회의를 하다 보면서 "그러면 전국 버스 서명 투어를 하자"라고 얘기가 나왔을 겁니다, 그때 당시에. 그래서 인제 반별로 2박 3일씩 해가지고, 뭐 "몇 반부터 몇 반은 어디서 얼로[어디뢰 올라오고, 몇 반부터 몇 반은 어디서부터 서울로 올라오고 해서 만나자"라고 인제 시작을 했던 거 같아요. 그래서 저희 같은 경우에는, 저희는 4반이었잖아요. 저희는 울산에서 인제 울산에서 8반 부모님들하고 바통 터치를 해가지고 울산을 거쳐서, 저희가 포항에서 3반 부모님들한테 또 바통을 넘겨주고 올라왔죠. 서명운동을 하고.

면담자   그때 분위기는 어떠셨습니까? 거리 서명을 하셨을 텐데.

동혁 아빠   사실 저희는 경상도였잖아요. 걱정도 되게 많이 했죠, 처음에는. 근데 울산에서 현대자동차 하고 공단을 들어가고, 현대중공업 앞에서 피케팅을 하는데, 되게 따뜻했어요. 그리고 저희가 피케팅이 끝나고 그 세월호를 기억해야 된다고 하면서 그 식당에서 저희를 인제 초청을 해서 식사를 같이 했는데, 고부가 같이 식당을 하시더라고요. 너무너무 고맙더라고요. 그때 당시에 정말 저희한테는 엄청난 힘이었죠.

근데 그다음 날 포항을 딱 넘어갔는데, 포항 죽도시장인가요, 거기가? 제일 큰 시장이? 거기서 피케팅을 하는데, 정말 그냥 뭐 대통령을 찬양하는 사람이 한 명 나와가지고 한 1시간 이상을 완전히 그냥 쑥대밭을 만들어놓더라고요. 그리고 그다음 날인가, 그 저기 피케팅을 그 출근 시간대에 [했는데요]. 포항 가면은 그 포항 지금 포항제철이 아니라 포스코죠, 포스코 입구가 오거리더라고요, 공단오거리더라고요. 거기서 피케팅을 하는데 차 타고 지나가면서 참 많은 욕을 하시더라고요.

그때 당시에 한 두 달, 한 세 달 정도밖에 안 지났는데도 불구하고. 그래서 마음이 아프고 많이 힘들었는데 마음을 내려놓은 게 뭐냐면은 '아, 여기 경상도지' 더군다나 경북… 아시지 않습니까? 참 많이 힘들었죠. 사실은 육체적으로 힘든 게 아니라 마음이 참 서럽더라고요. '내가 왜 이 자리에 있어야 되는지조차도 모르는데, 왜 저 사람들은 우리들을 향해서 손가락질을 할까? 저 사람은 자식이 없을까? 자기 자식이 그랬다면 이렇게까진 안 할 텐데…' 뭐 그런 생각들 있지 않습니까. 뭐 그런 마음이었죠. 근데 그런 마음이었는데….

그 후로도 인제 간담회를 참 경상도 쪽으로 많이 갔다 왔어요. 동혁이 엄마가 아무래도 부산이다 보니까 부산, 대구, 참 많이 갔다 왔는데, 그래도 따뜻한 분들은 많더라고요. 따뜻한 분들이 많아서 저희는 항상 그래서 동혁이 엄마랑 저랑 간담회를 가면 그런 말씀을 드려요. [간담회에 참석한 분들이] "죄송합니다. 뭐 저희가 끝까지 기억한다고만 하고 행동으로 한 게 없습니다" 그런 말씀하시고 그러면, 그런 말씀하지 마시라고, 여러분들은 시간 내서 〈나쁜 나라〉[다큐멘터리 영화] 보러 와주신 것만으로도 저희한테는 약이라고, 저희한테는 보약이라고. 여러분들이 있기 때문에 저희가 버티고 진실을 밝히기 위해서 다닐 수 있는 거라고 그렇게 얘기를 해준 거죠.

면담자　　　그니까 울산에서 고부가 같이 하는 식당에서 버스 투어 하신 유가족들을 초청을 해서 식당에서 식사를 하셨다는 얘기입니까?

동혁 아빠　　　예, 예. 거기서 그때 8반 부모님들하고 같이 모여서. 왜냐하면 인제 8반 부모님들은 드시고 인제 가셔야 되니까 같이 먹고, 저희는 숙소로 가고 8반 부모님들은 올라오시고.

면담자　　　무료였습니까?

동혁 아빠　　　제 기억으로는 돈을 안 낸 걸로 기억을 하거든요. 근데 그때 명함도 주시… 제가 너무 고마워 가지고, 제가 명함 하나만 달라고 다음에 제가 우리 집사람하고 꼭 한번 들르고 싶다고 명함을 받아놨는데, 워낙 명함을 많이 받다 보니까 너무 죄송해요, 그래서. 그 식당은 꼭 한번 또 가보고 싶더라고요. 음식 맛도 잘하시고.

면담자　　　식당 이름은 기억을 못 하십니까?

동혁 아빠　　　못 합니다, 지금.

면담자　　　알겠습니다. 그리고 인제 국회 농성이 시작됩니다.

동혁 아빠　　　예.

면담자　　　국회 농성 처음 들어가실 때 상황에 대해서 먼저 조금 그 기억나는 대로 그려주시죠. 출발은 안산에서 했겠죠?

동혁 아빠　　　그렇죠, 출발은. 저도 지금 그거는 긴가민가한데 처음엔 아마 못 들어갔을 거예요, 버스가. 버스가 못 들어가 가지고 밖에서 저희가 다 내렸고 한참을 인제 실랑이를 했을 겁니다, 아마 그때 당시에도. 그러다가 인제 그나마 그때 당시에 야당 의원들 좀 진보적인 분들 있지 않습니까? 이상규 전 의원이라든가, 김현 의원이라든가, 아니면 정진우 의원. 몇몇 의원님들 이렇게 의식이 좀 깨신 분들의 도움을 상당히 그때 많이 받았어요, 국회에서 저희가. 실제적으로 이상규 의원 같은 경우에는 저희 부모님들을 본인 사무실로도 많이 불러가지고 차도 한잔씩 주시고 하셨거든요, 사실.

면담자　　　이상규 의원 이야기는 좀 특별하기 때문에 순서와 상관없이 좀 여쭐 수밖에 없는데요. 결국 이상규 의원은 인제 의원직에서 물러나셨는데 뭐 그에 대한 소회는 어떠신지요?

동혁 아빠　　　안타깝죠. 안타깝고… 사실 저희 그 유가족 입장에서는 그런 분들이 정말 국회에 계셔서 정말 정의가 무엇인지 좀 보여주시고 진실이 무엇인지 꼭 밝혀주셨으면 하는 바람이죠. 그래서 너무 가슴이 아프죠. 근데 그분이 지금, 지금 용접공으로 일당직 일을 하시고 계셔요. 그런 거 보면은 가슴이 아프죠. 아프고 애리다 그래야 되나요. 참 많이 안타까워요. 정말 안타깝고, 이번에도 제가 알고 있기로는 아마 전 지역구에도 출마하신다고 하는데, 제가 알고 있기로는 '관악을'인가 그럴 겁니다. 좀 거기 분들이 좀 의식이 좀 깨 있어 가지고 그런 정말 훌륭한 그 국회의원을 다시 한번만 만들어주셨으면 하는 바람이죠. 그래서 꼭 국회에 입성하

서 가지고 저희를 위해서 정말 열심히 일해주셨으면 하는 바람이
죠, 저희는.

7
4·16 참사로 정치에 대한 생각의 변화

면담자   1차 구술 때는 참사가 일어나기 전에는 정치에 관심
이 없으셨다고….

동혁 아빠   전혀 없었죠, 저는.

면담자   통진당 사건이라는 게 있지 않습니까, 그래서 이석
기 의원 등에 대한 국민들의 일반적인 시선들이 있지 않습니까? 특
히 인제 북한에 대한 인식의 문제라든지 그런 거에 대해서는 또 어
떻게 보고 계신지요? 현재 생각을 여쭙는 겁니다.

동혁 아빠   가끔 인제 회사에서도 그런 얘기를 하고 친구들하고
도 그런 얘기를 하지만 거의 믿는 사람은 없어요. "내란 문제는 말
도 안 된다", 그렇지만, 믿지는 않지만 그렇다고 또 나서는 사람은
없잖아요, 그렇죠? 그분 위해서 정말…. "이 분은 전혀 내란 음모죄
가 없다"라고 당당히 나설 수 있는 사람이 극히 드물잖아요. 근데
분위기는 다 아니라고 얘기해요, 많이들. 특히 60대 이상은 모르겠
어요, 제가. 아마 그분들은 그렇게[내란 음모를 했다고] 얘기하는 분
들이 많을 수도 있어요. 그렇지만 최소한 30대, 40대, 50대는 "아,

정말 저 사람은 빨갱이 맞어"라고 얘기하는 분들은 없어요, 최소한. 예.

면담자   알겠습니다. 엄청난 변화죠.

동혁 아빠   그렇죠. 교수님이 말씀하셨지만 동혁이랑 동혁이 친구들이 엄청난 참 숙제 플러스, 인생을 가르쳐주고 간 거 같아요. 제… 삶 자체가 똑같을 거예요, 아마 부모님들은. 삶 자체가 완전히 180도 바뀌었으니까는요.

면담자   국회 농성을 7월 중순부터 시작을 하시는데요. 그리고 곧 이어서 광화문 농성도 다시 시작을 하게 되시는데, 그때는 그러면 직장 복귀 상태셨기 때문에 야간에 오시고 이렇게 하셨나요?

동혁 아빠   좀 특별한 일 있으면 음… 주간에 뭐 휴가를 낸다거나, 아니면 저희 같은 경우에 직업 특성상 주말에도 가끔 근무를 하거든요. 주말에 근무하면 평일 날 쉬어요. 평일 날 쉬면은 한 번씩 올라가서 가고… 예. 그리고 아마 제 기억으로는 그때는 아마 간담회가 진행이 안 됐을 거였을 거예요, 그렇죠? 그래서 아마 8월부터인가는 또 청운동[서 농성을 시작했죠]. 8월 달 정도부터는 제가 청운동도 쉬는 날마다 제가 올라갔던 걸로 제가 기억을 합니다.

면담자   7월 15일 날 350만 명 서명지를 들고 국회로 시위를 해서 들어가죠. 서명지를 포함한 [특별법 제정] 청원을 합니다. 그때는 현장에 계셨는지요?

동혁 아빠   아니요. 그때 제가 현장에 없었고요. 동혁이 엄마가 있었습니다, 그때.

면담자   알겠습니다. 그리고 이제 생존 학생 얘기를 조금 했으면 하는데요. 생존 학생들이 등교를 한 다음에 여러 가지 어려움을 겪었음에도 불구하고, 7월 15일, 16일 1박 2일로 안산에서 국회까지 도보 행진을 해서 국회에서 농성하시는 유가족들을 응원하는 일이 있었죠.

동혁 아빠   예, 그때는 저도 같이 도보를 했습니다.

면담자   아, 학생들과 같이 도보를 하셨습니까?

동혁 아빠   학생 학생… 우리가… 우리 부모님들은 8월 달이었나요?

면담자   예. 그건 뒤에서 여쭙고 여기서 잠깐만 쉬겠습니다.

(잠시 중단)

8
생존자 가족들에 대한 생각

면담자   서명지 들고 7월 15일 날 인제 국회청원을 하고요. 그다음에 아까도 말씀드렸듯이 단원고 학생들이 15일, 16일 날 안산에서 국회까지 도보 행진을 하죠. 단원고 생존 학생들에 대한 그 당시에 동혁 아버님의 감회가 어떠셨어요?

동혁 아빠   솔직한 그때 당시에 심정은 되게 부러웠죠. 되게 부러웠고 한편으로는 그래도 그 아이들이 살아줘서 너무 고맙고 ……. 또 한편으로는 물론 그 아이들도 살기 위해서 엄청난 고통을 감내하며 나와서 살았잖아요. 그런 부분이 있기 때문에 한편으로는 '저 아이들이 우리 동혁이를 좀 데리고 나왔으면 얼마나 좋았을까'라는 생각도 들었죠, 들었고. 어쨌거나 그 아이들도 너무 큰 상처를 받았는데 그 아이들에 대한 미래도, 사실은 [생각할] 여유가 없었지만, '아, 저 아이들은 앞으로 어떻게 살아가야 될까'라는 생각도 사실은 하게 됐던 부분이었고요. 여러 가지 만감이 교차했죠. 그때 그 아이들을 보고 있으면.

면담자   교실 존치와 관련된 싸움을 하는 과정에서도 좀 드러났습니다만, 단원고 학생들에 대한 생각이 동혁 아빠를 비롯해서 아이를 잃은 많은 유가족분들의 경우에 좀 변화가 있었던 거 같아요. 그래서 요즘에는 어떻게 바라보고 계신지를 바로 이어서 좀 여쭙겠습니다.

동혁 아빠   요즘에는 솔직히 말해서 좀 많이 서운하다고 그래야 되나요? 나이가 인제는 그 아이들도 20살이 됐잖아요. 근데 그 아이들 중에 누구 하나 "진상 규명을 해야 된다"라고 하면서 정말 나서 가지고 도와주는 아이들이 하나도 없잖아요. 그렇지만 또 이해되는 부분은… 아마 그 아이들 마음은 그렇지 않더라도, 아마 부모들이 많이 좀 자제를 시키고 제어를 시키는 게 아닐까… 그런 생각을 하죠. '만약에 제가 생존자 부모 입장이었다면 어땠을까' 하는 생각도 사실은 하게 되는 부분이거든요. 그렇지만 저희는 저희 마음이 또 더 크고 강하다 보니까, 지금은 그 아이들한테 섭섭하다기보다는 그 아이들 부모들한테 좀 섭섭한 면이 있는 거죠. 왜냐하면 '뭐 내 자식은 살았으니까, 뭐 니네들이 어떻게 되든지 간에 상관없다' 그런 생각으로밖에 안 비춰지니까요, 저희 입장에서는.

조금만 더 깨어 있는 분들이 있으면 좀 더 그분들이 고맙고, [생존한] 아이들이 더 좀 뭐라 그래야 되나, 우러러 보인다고 하면 좀 그렇지만, 좀 그 아이들에 대해서 다시 또 한 번 더 생각하게 되고. 그 아이들에 대해서 또 한 번 더, 뭐라 그래야 되나… 관심을 가져줄 수 있는 그런 부분이 있는데, 그런 게 전혀 없다 보니까 좀 지금은 서운한 아마 감정이 더 많지 않을까 싶습니다.

면담자   〈나쁜 나라〉 상영본 이전 원본에 생존 학생들이 등교하는 것과 관련된 영상이 들어 있었고, 그 영상화면을 그 제외해 달라는 생존자 부모들의 요구가 있었을 때 그때는 심정이 어떠셨나요?

동혁 아빠   화났죠, 사실은… 화났죠. 솔직한 그때 심정으로는 되게 화가 많이 났고요. '왜 저럴까?' 그 아이들이 그 화면에 나온다 해서 그 아이들을 기억할 수 있는 국민이 얼마나 될 건데, 잠시 그 먼저 간 친구들을 위해서 잠시 나오는 그거조차도 그 아이들 부모들은 반대를 한다는 자체가 이해도 안 갈 뿐더러, '같은 부모로서 어떻게 저럴 수 있을까' 서운하고 화가 많이 났죠, 그 당시에.

면담자   구체적으로 그런 요구를 하신 생존자 부모에 대한 이야기를 들으시거나 그 사건이 발생하게 된 어떤 경위에 대해서 혹시 알고 계신 게 있는지요?

동혁 아빠   정확한 경위는 사실은 모르겠고요. 들은 얘기에 의하면 몇몇 부모님이, "누구 엄마가 그랬다. 누구 아빠가 그랬다" 그 정도는 제가 주위에서 얘기를 들어서 알고는 있습니다. 〈비공개〉 '제가 만약에 생존자 부모였다면 나는 과연 어떻게 했을까'라는 생각을 참 많이 갖게 하는 그런 부분이 사실 있는데, 그렇게까지는 저는 못할 것 같아요. 내 아이가 예를 들어서 생존해 있어요. 근데 그 아이가 친했던 아이들이 있을 거 아닙니까. 그 아이들 중에는 물론 살아 돌아온 아이도 있겠지만 희생된 아이들도 분명히 있을 거라 생각을 합니다. 과연 그 아이들을 생각하면 같은 부모로서 어떻게 저렇게 할 수 있을까? 사실 의구심이 많이 들거든요. 좀 이걸 어떻게 표현해야 될지 모르겠는데……. '정말 저 사람 머릿속에는 인간으로서의 그런 어떤 인정이라든가, 상대방을 생각해 주는 배려의 마음이 있을까' 사실 그런 의구심이 많이 들거든요.

  좀 많이 답답하면서도 화가 나면서도, 그렇다고 제가 인제 그분을 100프로 이해 못 하는 건 아니에요. 이해하는 부분도 사실 있어요. 저 역시도 만약에 제 아이가 살아 돌아왔다고 생각을 하면은

'적극적으로 정말 그 세월호 유가족을 위해서 일을 할 수 있었을까?'라고 생각을 했을 때, 저도 그렇게까지는 못할 거 같아요. 최소한 그렇지만 내가[자신이] 정말 그분들을[유가족들을] 위해서 함께 해주고 도와주지 못할지언정 최소한 그분들의[유가족들의] 마음을 헤아려주셨으면 하는 바람이 있는 거죠, 저희 유가족 입장에서는.

면담자   생존 학생 부모 전 대표인 장동원 대표 이야기를 안 할 수가 없는데요. 장동원 대표는 뭐 현재까지도 최선을 다해서 유가족들과 함께 일을 하고 계시지 않습니까?

동혁 아빠   예, 예.

면담자   근데 장동원 대표가 대표직에서 물러나셨죠. 그래서 혹시 그 과정에 대해서 알고 계신 게 있으면 말씀을 해주시죠.

동혁 아빠   예. 제가… 저도 뭐 그 자리에 있지는 않았으니까 들은 얘기로 말씀을 드리면, 정확히 말하면은 쫓겨난 거죠. 그분이 스스로 그만둔 게 아니거든요. 근데 제가 생존자 부모님들 얘기를 하면은 그… 그분이 애진이 아빠예요. 애진이 아빠하고 소희 아빠하고는 참 고마워요. 그분들은 지금도 물론 저희들을 위해서 함께 해주고 계시지만, 그분들 역시도 되게 힘든 과정을 많이 겪었고 지금 또한 많이 힘드실 거예요, 아마. 근데 그럼에도 불구하고 그분들은 한결같이 우리 유가족분들을 도와주고 있고 어쨌거나 조금이라도 같이 가줄 수 있는 분들이라고 생각을 하기 때문에….

사실 그 다른 분들은 모르겠지만 애진이 아빠하고 소희 아빠 같은 경우에는 참 평생 아마 그 고마움을 제가 잊지는 못할 거예요, 아마. 제가 애진이 아빠 같은 경우에는 개인적으로도 술도 마시고 하는 그런 분인데 아이에 대한 사랑이 굉장히 강하시고…. 그 애진이가 가장 친했던 아이가 두 명인가가… 희생이 됐어요. 근데 "애진이가 한 말이 있기 때문에 그 약속을 꼭 지켜주고 싶다"라는 말을 하더라고요, 장동원 씨가. 근데 그런 말을 들었을 때 물론 모든 부모님들이 그렇게 생각하고 이렇게 행동해 주시면 정말 고마운 일이겠지만… 조금 더 장동원 씨 같은 분이 있었으면 아마 지금쯤 저희가 생존자 부모님들하고 이렇게 등을 지진 않았을 거라는 생각을 하게 되더라고요.

면담자   70명이 조금 더 되는 생존자 중에서 지금 애진이 아빠, 소희 아빠 말고 또 함께 하시는 분들은 어느 정도 되시는지?

동혁 아빠   있긴 있는데… 한 네다섯 분… 제가 알고 있기로는 아마 네다섯 분 정도로 제가 기억을 하거든요.

면담자   소송에 함께 참여하신 분들이 열네 분인가 그렇게 있으세요.

동혁 아빠   아… 생존자분[부모님들]? 많으시구나… 생각보다.

면담자   그 아까 말씀하신 생존 학생 부모에[의] 페이스북 등에서의 주장에 핵심은 뭐였습니까?

동혁 아빠   일단 교실 존치도 있었고요.

동혁 아빠 김영래

면담자   교실을 존치하라는 주장이 아니고요?

동혁 아빠   아니죠, 반대죠. 근데 저는 그것도 사실은 조금 이해가… 이해가 안 갔던 부분이 이미 그 아이는 졸업을 했잖아요. 그럼에도 불구하고 그런 어떤 '교실 존치를 하면 안 된다'는 쪽으로 이렇게 페이스북에 올리고 얘기를 한다는 거에 대해서 저는 더 의아심이 드는 거죠. '과연 저들이 정말 저 사람들이 뭘 얻을 게 있어가지고 저렇게까지 페이스북에도 올리고, 뭐 들리는 소문에 의하면은 [교실 존치를] 정말 싫어하더라는 말까지 들리는데, 정말 저들이 뭐 때문에 저럴까?'라는 생각을 할 수밖에 없는 거죠, 저희 입장에서는.

9
안산에서 광화문까지의 도보 행진

면담자   엄마, 아빠들의 투쟁 얘기로 다시 돌아오겠습니다. 7월 말에 그 특별법 제정 촉구를 위해서 안산에서 광화문까지 1박 2일 도보 행진을 할 때, 그때는 참여를 하셨는지요?

동혁 아빠   예. 그때는 참여를 했습니다, 제가. 비 많이 와가지고….

면담자   그때 기억나는 상황을 말씀해 주시면 좋겠습니다.

동혁 아빠   글쎄요. 뭐 특별히 기억나는 건 사실은 없는데 그때
당시만 해도 사실은 저희가 그 시내를 도보를 해서 갈 때에도 응원
을 해주시는 분들이 정말 많았죠, 힘내시라고. 심지어 인제 음료수
까지 갖다주시고 했던 분들이 상당히 많았는데 그 이후로 두 번째
할 때는 그러던 분위기 자체가 엄청 많이 다운이 됐죠[가라앉았죠],
예. 두 번째 할 때는 욕하는 사람들도 있더라고요. "당신들 때문에
차가 막힌다. 인제 그만해라" 뭐 이런 말들이에요. 분위기가 그렇
게 달라지더라고요.

면담자   두 번째가 언제였죠? 2015년 1주기 즈음, 삭발하고
4월 4일 날 영정 사진을 들고 다시 안산에서 광화문으로 행진하셨
을 때 말씀하시는 건가요?

동혁 아빠   예. 그랬을 겁니다. 그 시기 정도 됐을 겁니다.

면담자   그 사이에 국민들 반응에 차이가 있었다?

동혁 아빠   많았죠, 예.

면담자   그리고 인제 도보 행진 한 날, 도착한 날이 참사 백
일이었습니다.

동혁 아빠   첫 번째 도보했을 때… 예, 맞습니다.

면담자   백일 집회를 하게 되고요. 새벽 3시까지 광화문에서
힘든 싸움을 하셨는데, 그때 상황은 어떠셨는지?

동혁 아빠   저희 딸아이가 상처를 너무 많이 받았어요, 경찰들

때문에. 그때 당시에 동혁이 엄마가 ○○이 데리고 단상 위에 올라가서 편지를 읽었고 그러고 나서 저희가 광화문 쪽으로 가려고 하는데 이미 뭐 도로에 그냥 차벽을 다 세워놓고 방어벽까지 세워놨었죠. 그래서 그때 당시에 뭐… 비도 많이 왔고요. 우리 아이가 너무 힘들어하고 상처를 많이 받았어요, 그때. 그래서 저희는 뭐 크게 뭐 저기 뭐 다투고 하지는 않았던 상황이었고. 어쨌거나 그때 당시에 유가족들은 차벽을 넘어서 가긴 갔는데, 저희 딸아이가 너무 힘들어해 가지고 저희는 그때 새벽… 그때 그 시간쯤 된 거 같아요, 거의 끝나갈 무렵이었으니까…. 딸아이를 데리고 집에 왔던 기억이 있습니다.

면담자   사실은 그때가 공식적으로는 시청 앞 집회에 주최를 국민대책위에서 했고요. 가족대책위와 그 유가족 엄마, 아빠들이 공식적으로 시민들과 집회에 참여해서 발언하는 것은 처음이었던 걸로 저는 알고 있습니다.

동혁 아빠   그랬나요?

면담자   안산 지역에서 개별적인 그 참여는 있었지만… 아까 김병권 위원장의 의견을 말씀하셨듯이 그때가 되면 아마 그 임원진의 시민운동에 참여 여부에 대한 생각도 많이 바뀌어 있을 때 같은데, 그 당시에 김병권 위원장을 비롯한 가족대책협의회의 입장이랄까요. 시민운동에 대한… 그런 거는 어떻게 기억을 하시는지요?

동혁 아빠   근데 그런 거를 일반 그 부모님들이 사실 잘 몰랐던 부분이 뭐냐면 그때 당시 집행부 같은 경우에는, 그 집행부 일정에 대해서 전혀 뭐 공지를 한다거나, 뭔 얘기를 하고 왔다는 이런 어떤 보고 체계 자체가 없었었어요, 그때는. 그래서 항상 늘 얘기했던 부분이, 총회 때 얘기했던 부분이 "어디가면 간다, 갔다 와선… 뭐가 뭘 했고 어떻게 했다는 걸 좀 얘기를 해달라"고 계속 얘기를 하는 상황이었는데도 불구하고 그때는 그런 것들이 잘 이뤄지지가 않은 상황이었어요.

10
총회

면담자   총회는 그때도 일요일 날 미술관 강당에서 진행이 됐었죠. 그때가 특별법의 구체적인 내용에 대해서는 논의하지 않았던 시기일 겁니다. 그건 8월 지나서 9월 달에….

동혁 아빠   예. 그럴 겁니다.

면담자   그러면 인제 총회 얘기가 나와서 여쭙습니다만, 그 100일이 되기 이전에 총회에서는 주로 어떤 논의를 하셨습니까?

동혁 아빠   특별한… 저는 기억이 잘 안 나지만 특별한 논의는 없었어요. 항상 저희는… 그냥 일주일 동안 분과 보고 정도였고, 일주일 앞으로, 일주일은 뭐 주간 보고라든가 뭐 이 정도 주간 보고하고, 그다음 주에 인제 어떻게 어떻게 하겠다[하는 내용으로 총회를 했어요. 근데 구체적인 그런 거는 없었고요. 그 가족대책위에서도, 그 집행부 사이에서도 개별적으로 뭐 움직이는 사람이 많았으니까, 그분들이 일일이 뭐 하고 뭐… 다녔는지조차 보통 부모님들[은] 모르셨던 상황이었죠, 그때는.

면담자 　그 당시에 총회를 하면 사회는 누가 보셨습니까?

동혁 아빠 　어… 그때 기억이 안 나네. 어… 유경근 씨가 그때도 좀 많이 봤던 거 같고요.

면담자 　유경근 씨가 당시에는 대변인이셨죠.

동혁 아빠 　예. 그렇죠. 사회는 오천이 형도 좀 봤고 그리고 가끔 그 김형기 씨도 마이크를 들었던 걸로 기억이 나고. 주로 아마 그때 당시에도 유경근 씨가 많이 했었던 걸로 기억을 해요.

11
정의당 당원에 대해서

면담자 　초기에 유경근 씨가 정의당 당원이라고 여론에서 비판을 받은 적이 있습니다. 그 초기 단계에서 어떠셨습니까?

동혁 아빠 　인제 그 얘기를 저희도 듣고 [유경근 씨가] 언변이 좀 좋잖아요. 우리 부모님들 중에는, 그래도 아버님들 중에는 아마 유경근 씨가 가장 낫고, 인제 엄마 중에는 동혁이 엄마가 가장 인제 언변이 나은 편인데 의심을 많이 했죠. '저 사람 저의가 뭘까? 저 사람이 왜 활동을 할까? 정말 정치에 뜻이 있나?' [하고요]. 사실 그때는 부정적인 시각이 상당히… 왜냐하면 그때 당시에는 또 잘 모르는 상태였으니까는요, 서로가 서로에 대해서. 그니까는 많은 부모님들이 저 사람 생각이 뭘까 [하고] 사실 의구심을 많이 가졌던 그런 시기였죠. 그때 당시에는…. 〈비공개〉

면담자   초기 단계에서는 김병권 당시 위원장도 유가족들의 정치적 색깔에 활동이나 발언에 대해서 자제를 계속 요청을 했었고요. 인제 그런 상태에서 유경근 현 집행위원장이 정의당 당원이었다는 소식은 정치 개입하지 말아야 된다는 그 당시의 분위기에서 보면 굉장히 부정적으로 비추어졌을 거고요. 근데 현재는 유경근 집행위원장이 어떤 정당에 소속이 돼 있다 하더라도 그 이후로 불신받지는 않으리라고 생각이 돼서 여쭤봅니다.

동혁 아빠   최소한 그런 부분에 있어서는 지금은 아니죠. 왜냐하면 사실은, 그때 당시에는 당원이 사실은 어떠한 위치인지도 사실 잘 몰랐고요. 어느 만큼에 그 정의당 내에서 파워가 있는지도 사실은 몰랐고, 근데 지금 와서는 인제 당원이라는 위치가 어떤 위치인지 알다 보니까, 아니 저도 당원이 될 수 있고 다른 사람이 당원 될 수 있어요. 당원이라고 해서 그 사람이 꼭 그 당에 가서 정치적인 색깔을 띠는 건 아니에요. 단지 그 당이 내가 추구하는 삶과, 예를 들어서 내가 추구하는 이 사회에 어떤 뭐라 해야 되나, '바라는 점이 같다면 같이 갈 수 있다'고 저는 생각을 하거든요.

근데 그걸 가지고서, 그때는 너무 몰랐기 때문에 그냥 단지 정의당 당원이라는 어떤 그런 타이틀 하나만 가지고 '저 사람 뭐지?'라는 의구심을 가졌지만, 지금은 알다 보니까 '충분히 그럴 수 있다'고 저는 생각을 하거든요. 지금 제가 알고 있기로는 민주당 당원도 있고요. 그게 잘못됐거나 꼭 그게 당원이라고 해서 뭐 그 사람이 그 당에 정치적인 색깔을 띤다고 어떤 확신을 할 수 없는 부분이라고 저는 생각을 하거든요.

면담자   질문이 좀 우습습니다만 새누리당 당원이시라면 어떻게 보시겠습니까?

동혁 아빠   일단은 그 사람 생각이니까 뭐 그 사람 그거에 대해서 잘못했다 뭐 잘됐다는 말은 못 하지만, 현 상황에서는 무조건 그냥 저는 "새누리당은 아니다. 새누리당 지금 하는 걸 봐라" 하고 제가 그분을 설득을 할 거 같아요, 지금은. 그전에는 그냥 아… 뭐 진보일 수도 있고 보수일 수도 있고, 뭐 새누리당을 좋아할 수도 있고 더불어민주당을 좋아할 수도 있고 그거는 각자의 몫이고… 왜, 어른이니까는요. 지금은 그게 아닌 거죠. 정부 여당이고 특히나 새누리당이라는 어떤 당원이라는 말을 하면 제가 그분을 설득을 할 거 같아요, 지금은.

면담자   초기에 '유가족들이 정치적이어서는 안 된다' 이렇게 유가족들이 생각을 했었다고 정리를 할 수 있을 거 같습니다. 그런

데 그럼에도 불구하고 백일 집회에서 시민운동과 공식적으로 결합을 했구요. 현재 아버님 말씀을 종합해 보건대, 유가족들이 정치적일 수 있느냐, 그렇지 않느냐에 대해서 생각의 변화가 있는 것으로 제가 해석이 됩니다.

동혁 아빠   맞습니다. 예, 예.

12
정치에 대한 생각

면담자   지금 가족협의회 활동과 어떤 정치적 성격이랄까요. 그런 거에 대해서 어떻게 생각하시는지 좀, 넓게 여러 가지 정치에 대한 이야기, 입장 그런 것을 좀 얘기해 주셨으면 좋겠습니다.

동혁 아빠   근데 제가 지금까지 가족대책위에 어떤 입장을 지금까지 정리해 보면 아직도 지금 가족대책위는 정치적으로는 불분명한 거 같아요. 명확하지가 않아요. 근데 제 개인적인 생각으로는요, '지금은 명확해야 한다'고 생각을 해요. 아까 교수님도 말씀하셨지만 우리나라에 지금 억울하고 힘없는 분들이 상처받는 일이 되게 많잖아요, 지금. 근데 그런 거 또한 '정치와 떼려야 뗄 수가 없는 관계'라고 저는 생각을 해요, 이제 와서 생각을 하니까. 제 개인적인 생각은 가대위가 명확하게 노선을 정하고 그 노선대로 가야 된다고 저는 생각을 하는 사람이거든요, 지금은. 지금은 더불어민주당이 됐든 국민의당이 됐든 야당을 선택을 해가지고 우리가 매달려야 돼요. "당신들 국회의원 되면 우리 세월호에 대해서 다시 재조사하고 진상 밝혀가지고 책임자 처벌까지 해달라"라고 인제 우리가 매달려야 되는 상황이어야 한다는 거죠, 지금 와서는.

지금 이제 뭐 '정치적으로 중립적이다?'[라는 건] 있을 수 없는 거라 생각합니다, 지금은. '명확히 갈려야 된다' 생각해요. 지금 현 정부, 정부여당하고는 저희가 선을 확실하게 긋고, 야당 그분들 도와 한 명이라도 더 야당에서 국회의원이 나와가지고 그분이 한 목소리라도 더 내주길 바라는 거죠, 지금.

면담자   지금 야당이라고 하시면 더불어민주당을 포함해서 좀 더 진보적 성격이 강한 정의당 등의 소수정당까지 포함해서 말씀하시는 겁니까?

동혁 아빠   예.

면담자   유가족들이 정치적이어야 한다고 말씀하신 것을 전제로 해서 볼 때, 유가족들의 직접행동에 대해서는 어떻게 생각하시는지, 그리고 시위 등이 평화적이어야 한다고 생각하시는지, 경우에 따라서는 폭력적인 시위도 불가피하다고 생각하시는지 등에 대해서 말씀해 주시면 좋겠습니다.

동혁 아빠   저 개인적으로는 사실 저희 부모님들 중에서라도 정말 정치를 할 수만 있다면 했으면 좋겠어요, 저는. 그래서 저는 처음에는 유경근 씨 같은 경우에도 '저 사람 뭐지? 국회의원하려고 나왔나?' [하고] 나는 어떤 부정적인 시각으로 많이 봤는데 지금 제가 2년 가까이 되는 시간을 세월호 유가족으로 지내면서 느꼈던 건 뭐냐면, 저희 부모님들 중에도 정치를 할 수만 있다면 해가지고 한 명이라도 더, 아까도 말씀드렸다시피 우리를 대변해 가지고 세월호에 어떤 진상을 밝히고, 세월호를 잊지 않고 꼭 거기에 따르는 정말 못된 어른들 다 처벌해 주길 원하는 거고… 더불어서 지금 아직까지 형제, 자매들도 많고 이 땅에는 또 어린아이들도 많잖아요. 그 아이들이 조금은 더 안전하고 살기 좋은 나라에서 살기를 바라는 거죠. 저 개인적으로는 지금은 그런 마인드가 많이 바뀌었습니다. 뭐 한 명이 되었든, 두 명이 되었든, 세 명이 되었든, 우리 부모님들 중에도 정치를 할 수 있는 분이 있다면 저는 적극 권장해 주고 싶습니다, 제 개인적으로는.

그래서 이번에 박주민 변호사님 같은 경우에 더불어민주당에 입당을 하셨고, 정치… 어떻게 보면 정치판에 뛰어든 그런 상황인데 정말 변질이 안 되고 초심 그 마음으로 정치하는, 그동안 만큼만이라도 우리 세월호에 대해서 꼭 진실을 밝히는 데 작은 밑거름이 돼주셨으면 하는 바람이죠. 그게 '부모님이 포함이 돼도 더 좋을 거 같다'라는 생각을 갖는 거죠, 제 개인적으로.

면담자　　　대표적인 게 시위입니다만, 직접행동을 하시는 거에 [대해서] 어떻게 생각하시는지요?

동혁 아빠　　　당연히 저는 엄마, 아빠잖아요. 저들이 막고 있으면

'당연히 해야 된다' 생각을 합니다. 그리고 안 할 바에는, 아까 뭐 교수님하고 농담적으로 얘기했지만, 뭐 이 나라에서 못 사는 거죠. 내 자식은 굉장히 큰 아픔과 고통을 가지고 엄마, 아빠를 얼마나 불렀겠습니까. 저희 동혁이 같은 경우에는 동영상 속에서도 저만 서른 번 이상 부릅니다. 근데 그 더 극한 상황에 갔을 때는 어땠겠나 생각을 해보자는 거죠. 과연 그 아이들을 위해서 엄마, 아빠가 할 수 있는 게 뭔가….

　이 나라가 평화시위를 하게끔 놔두는 나라가 아니잖아요. 일단 뭐만 하려고 하면 차벽 치고 경찰 병력 투입하고 캡사이신[을] 부모님들 얼굴에다 대고 쏘고. 어느 사람이 됐든지 간에 그 상황이 오면은요, 폭력적이지 않을 수가 없어요. 근데 그걸… 저는 평화시위? 저는 불가능하다고 봅니다. '싸워야 할 때는 싸워야 된다'고 저는 생각을 합니다, 개인적으로.

면담자　　　제가 좀 너무 끝까지 여쭙는 거 같아서 죄송스럽긴 합니다만.

동혁 아빠　　아닙니다.

면담자　　　사실은 현재까지에 유가족이 중심이 된 농성과 시위 전체를 놓고 볼 때 유가족들은 폭력시위를 하지 않으셨습니다.

동혁 아빠　　예. 맞습니다.

면담자　　　대표적인 평화적 직접행동을 위해서 자제하고 노력을 해오셨는데요. 그것에 대해서는 어떻게 평가하시는지요?

동혁 아빠   아쉬움도 남지만 우리 부모님들 입장에서는 충분히 최선을 다해서 평화적인 집회를 하셨던 게 맞고요. 그렇지만 조금 아쉬운 부분이 있다면 시간적인 제한을 두고 그 시간 딱 되면 철수하는 게 아니라, 정말 몇 날 며칠 됐든지 간에 그 우리를 도와주러 정말 지방에서도 많이 오시잖아요. 그분들하고 함께 했으면 하는 바람입니다, 저 개인적으로는. '우리는 유가족이니까 어느 정도 하다가 빠지자?' 저는 그거 원하지 않습니다.

할 거 같으면은 그분들과 끝까지 되든 안 되든지 간에, 최소한 그 궁궐[청와대] 안에 있는 사람이 '아, 얘네들이 이렇게까지 했구나. 얘네들 무시할 수 없겠네라는 생각이 들 때까지는 해야 된다'고 저는 생각을 합니다. 지금까지 해온 거는 너무 평화적이다 보니까 그냥 웃고 있겠죠. '그래 니네들이 해봐야 그것밖에 더 하겠어'라고 생각을 하겠죠. 저는 그런 인식보다는 좀 더 강한 인식[이 필요하다고 봅니다]. 왜? 엄마, 아빠니까. 아마 부모님이 그렇게 억울하게 돌아가셨으면 이렇게까지 못했을 겁니다. 그냥 가슴에 묻겠죠. 자식이기 때문에 가슴에 묻을 수가 없는 거죠, 저는.

13

프란치스코 교황과의 만남

면담자   8월 16일 날 프란치스코 교황과 광화문에서 만남이 이루어지죠. 그 현장에 계셨는지요?

동혁 아빠   네. 있었습니다.

면담자   기억나는 걸 좀 말씀해 주시면 좋을 거 같습니다.

동혁 아빠   뭐 크게 기억나는 건 사실 없는데 그때는 저희가 절실했죠, 특별법 때문에 정말 절실했죠. 수사권, 기소권이 없는 특별법은 있으나마나한 특별법이라고 사실 저희도 그때는 생각을 했었고…. 지금 와서 생각해도 마찬가지잖아요. 그렇죠? 수사권, 기소권이 없으니까. 지금 저희 같은 경우에는 특별조사위원회도 인제 집사람 같은 경우에는 올라가잖아요, 전원 회의할 때…. 그리고 저희가 1차 청문회를 봤잖아요. 저들이 대답하는 거 보셨잖아요. 수사권, 기소권이 없으니까 그 이상 추궁하고 다그치는 게 끝이에요. "어? 너희들 거짓말해? 잡아 처넣어" 이게 없잖아요. 그니까 당연히 저네들은 "기억이 안 난다, 모른다"라고 생각[말]을 하지 않습니까.

어떻게 보면은 그때 당시에 8월 16일은 저희한테는 희망이었죠. 희망의 끈이었죠. '어떻게든 이런 이 나라의 부조리를 교황님은 아셔야 된다'라는 그런 생각밖에 사실은 없었죠. 어떻게 하든 그래서 얘기를 해야 된다. 결국은 유민이 아빠가 얘기를 하긴 하셨죠. 근데도 불구하고 변한 건 아무것도 없어요. 그게 이 나라 현실이라는 걸 또 생각하면은 저희는 또 좌절을 하는 거죠. 그렇지만 좌절 한다 그래서 저희가 주저앉아 있을 수는 없는 거죠, 또.

면담자   교황이라고 하면 전 세계 가톨릭을 지도하는 분임과 동시에 한국의 가톨릭교회를 지도하는 분이시기도 한데 16일 날 만남 이후에 실질적인 변화가 없었다?

동혁 아빠   전혀 없었죠.

면담자   결국은 전 세계 가톨릭이나 한국 가톨릭에서의 실질적인 노력이 없었다고 이렇게도 볼 수 있는 건지요?

동혁 아빠   예, 예.

면담자   교황과 한국 가톨릭에 대해서는 좀 생각이 어떠신지요? 아쉬움이나 불만 같은 게 있으면 솔직하게 말씀해 주십사는 뜻에서 이런 얘기를 합니다.

동혁 아빠   사실은 가톨릭도 고마운 분들도 참 많아요. 저희가 인제 성당 간담회도 다니고 하지만 근데 그런 성당은 십분의 일도 안 될 거 같아요, 제 생각으로는. 그렇지만 십분의 일이 되는 분들은 너무 고맙고 감사드리죠. 그 어려운 여건 속… 그리고 제가 알고 있기로는 저희 나라가 그 염수정 추기경이잖아요. 그분이 굉장히 보수적인 분으로 저는 알고 있어요. 그 틈바구니에서 어쨌거나

동혁 아빠 김영래

작은 성당에서 저희를 위해서 간담회도 해주시고 같이 함께 해주시고 같이 진짜 예… 뭐 미사도 항상 드리시고 그런 분들 보면 감사드리죠.

감사드리지만 전체적으로 가톨릭이나 기독교나 보면은 너무 화가 납니다. 하나님 말씀에 한 영혼, 영혼이 귀하다 그랬거든요. 저희 나라에 가톨릭 신자하고 기독교 신자 합치면 얼마가 될 거 같습니까? 어마어마합니다. 한 1500만 명 이상 될 겁니다, 아마. 그렇지만 그 1500만 명이라는 신자들을 대표하는 뭐 대형 교회 목사나 대형 성당의 신부님이나 나서 주는 사람이 아무도 없어요. 단지 열악하고 어려운 환경 속에서 작게, 그나마 뭐 그 설교하시고 그 교회 이끌어나가시는 그런 분들이 도와주시고 함께 해주시는 거지, 실제 대형 교회 목사들? 되레 유가족들에게 비수를 꽂았어요. 실례로 제가 지금 기억이 안 나는데, 어디… 어느… '□□의 교회' 오×× 목사, 그다음에 김… 누군데 제가 또 기억이 안 나네. 몇몇 목사들 같은 경우에는 유가족들한테 정말 씻을 수 없는 그러한 아픔, 상처를 또 안겼어요, 그 사람들은.

그런 현실 속에서 사실은 저 같은 경우에도 동혁이는 모태 신앙이에요. 더군다나 동혁이 역시 성도가 10만 명 되는 교회에 제가 애기 때부터 안고 다니고 손잡고 다니고 데리고 다녔던 아이에요. 그 아이가 불과 수학여행 가기 열흘 전에 집사람이, "동혁아 너는 하나님이 살아 계시다고 생각을 하냐?" 그랬더니만 우리 동혁이[가] "엄마 그런 말씀하지 마세요. 하나님한테 혼나요. 당연히 계시니까

133
·
3회차

교회에 나가는 거죠. 교회에 나가는 엄마가 그런 말하면 안 돼요"
라고 했던 아이예요.

　그럼에도 불구하고 어느 대형 교회 목사가 나서 가지고 "세월
호에 대한 아픔, 세월호에 대한 진실 밝혀야 됩니다. 여러분 잊지
말아주십시오"라고 얘기하는 목사? 단 한 번도 없었어요. 성당? 마
찬가지입니다. 성당도 작은 성당들[에 계시는] 그 신부님들 같은 경
우에는 정말 고맙죠. 매주 광화문 나가서 미사해 주시죠. 안산은
안산대로 수요일마다 미사해 주시죠. 또 작은 성당에서도 저희 부
모님들 초대해 가지고 간담회 하고 뭐 〈나쁜 나라〉 상영하고 〈다
이빙벨〉 상영하고 그래요. 미사 시간에 또 불러가지고 발언할 수
있는 기회도 주시고…. 고맙죠, 참 고맙죠. 근데 실제적으로 대형
성당에서 또 그렇게 한 게 또 없잖아요. 근데 그런 걸 보면서 '정말
이 나라에는 저 많은 종교인들, 종교 지도자들이 하나님이 원하는
목회를 하고 있나?'라는… 저는 의구심이 드는 거예요.

　근데 그거를 되짚어 봤을 때 저는 인제 창현이 어머님 한 분 보
면서 참 많이 놀랐던 게 뭐냐면, 그 오래 다녔던 교회[를] 결국은 안
나가신대요. 패가 갈리는 거예요. 그 싸움을 보는 게 힘드신 거예
요. 이쪽에서는 "기억해야 된다. 진실을 밝혀야 된다" 이쪽에서는
"무슨 소리냐. 이미 다 끝났는데… 너희 인제 앞으로 그런 얘기 꺼
내지 마" [하고] 싸우는 거예요. 근데 과연 그 중간에 부모님[이] 계
시다면은 얼마나 힘들고 가슴이 아프시겠어요. 못 버티죠. 그렇다
고 거기 중간에 껴가지고 이 편 들 수도 없고 저 편 들 수도 없는 상

황이잖아요.

면담자   아버님의 하나님에 대한 생각은 어떻게 변화가 있으십니까?

동혁 아빠   사실은 제가 재작년 사고 나고 나서 어떤 대형 교회 목사들이 그런 얘기를 하고 저 자신 스스로도 어떻게 생각을 했냐면, '하나님이 계시면 왜 우리 동혁이가 왜 저렇게 됐지?' 너무 원망스러웠죠. 처… 처음에 그 일이 딱 벌어지고 나서 저도 상처를 많이 받았어요. 저도 8개월을 [교회를] 안 나갔었어요. 나가면 또 동혁이 생각나고…. 왜 저희 같은 경우에는 지금은 저는 거의 개척 교회 수준인 교회를 나가요. 그러면은 성도가 몇 명 없어요. 그러면은 동혁이 앉고 ○○이 앉고 집사람 앉고 저 앉아요, 항상. 그럼 우리 동혁이가 항상 이쪽 구석에 앉아가지고 졸다가도 제가 이렇게 처다보고 있으면 저를 한 번 딱 보고 웃어요, 우리 동혁이가. 그럼 "동혁아 졸면 안 돼" 그러면 히 웃어요. 그랬던 아이인데 그 자리에 우리 아이가 없어요. 너무 힘들죠. 그니까 저가… 저도 8개월을 못 나갔어요.

근데 중요한 게 뭐냐면 우리 동혁이가 마지막에 한 말처럼, 제가 교회를 영 등지고 하나님을 등지게 되면 동혁이를 못 만날 거 같은 거예요. 〈비공개〉 그러면서 제가 마음을 다잡은 게 일단 가장 [제게 중요한 게] 우리 동혁이를 만나야 되고… 꼭 저는 만나야 돼요. 만나서 저는 우리 동혁이 앞에 저는 무릎을 꿇을 거예요. 무릎 꼭

135

3회차

끓고 동혁이한테 "정말 잘못했다"고, "아빠 미안하다"고 "잘못했다"
고 얘기해 줄 거고. 또 하나의 그 살아가는 목적은 ○○이는 어떻
게든 성장을 시켜야 하니까는요. ○○이는 책임을 져야 되고. 또
집사람은 뭔 죄가 있습니까. 저 만나가지고 이런 일 겪었고, 그 사
람도 행복할 권리가 있는데 나까지 그렇게 되면 이 사람은 또 영영
불행히 살다 또 가야 할 거 아닙니까. 그건 아닌 거 같아 가지고 마
음을 다시 잡게 된 어떤 계기가 된 거죠.

14
특별법 관련

면담자　　　특별법 얘기로 조금 가보도록 하겠습니다. 9월 달쯤
되면 1차 여야 합의안, 2차 여야 합의안, 3차 여야 합의안 해서 특
별법 논의가 구체화되고요. 아마 그 당시 가족협의회 총회에서도
특별법에 내용에 대한 논의가 있었을 텐데, 총회에서의 특별법에
대한 구체적 논의에 대해서 기억하시는 게 있으신지요? 최종적으
로는 투표를 했습니다.

동혁 아빠　　　예. 맞습니다. 1차… 2… 뭐 1… 1번항, 2번항, 3번항
해가지고 또 결정을 하라 그래 가지고 투표를 했습니다, 맞습니다.
근데 그때 당시에는 인제 동혁이 엄마가 대외협력분과장 일을 하
고 있을 때니까는요. 아 그때는 팀장이었나? 아무튼 그랬었는데,

동혁이 엄마가 많이 박영선 원내대표도 만나고 이완구 원내대표도 만나고 했었잖아요. 그러면서 집에 와서 저한테 한 말이 있어요. "여보, 이건 절대로 특별법 내 수사권, 기소권 포함이 안 될 거 같아", "왜?" 그랬더니만 너무 강하다는 거예요. 그리고 박영선 원내대표가 이완구 원내대표한테 쩔쩔 맨다는 거예요. "뭔가 약점 잡힌 게 있는 거 같아" 이러는 거예요. 저한테 "힘들 거 같아"라고 얘길 하더라고요.

어느 정도 예상은 하고 있었지만 그래도 '저희가 노력을 하면은 그래도 조금은 달라지지 않을까' 하는 생각을 가지고 있었거든요, 사실 저는. 근데 역시나 달라지는 건 없었어요. 그리고 2차 합의안 하고 나서인가, 그리고 가대위에서 박영선 원내대표랑 이완구 원내대표를 만났을 거예요. 아마 그때 동혁이 엄마가 대외협력분과장으로 갔을 거예요, 제 기억으로는. 거기서 박영선 원내대표가 그런 얘기를 했어요. 저희가 인제 부모들이 "이건 아니다" 그랬더니만은 박영선 대표가 하는 말이 "나보고 어쩌라고… 나도 집에 가면은 자식 있고" 하면서 되게 좀 몰상식한 말을 했어요. 〈비공개〉 그 말을 딱 저는 동혁이 엄마한테 딱 전해 듣는 순간 '아, 벽이 참 높구나. 우리가 생각했던 거보다 두 배 세 배 아니라 백 배 천 배 높구나'라는 걸 느꼈죠. 그러면서도 '우리가 그래도 끝까지 해달라고 하면 뭔가 좀 변화는 있지 않을까'라는 생각을, 기대감도 사실 가졌던 건 있었는데 역시나였었어요.

역시나 결과론적으로 마지막에 1안, 2안, 3안, 4안… 3안… 1,

2, 3안이 나왔죠. 역시나 수사권, 기소권이 없는 거죠. 거기 선택을
해야 되면은 과연 뭘 선택을 해야 될까요, 저희가. 저희도 가장 잘
못한 부분이 사실 또 그 부분이에요. 그걸 가지고 저희가 끝까지
버티고 끝까지 거부하고 여론이 악화되든 어쨌든지 간에 끝까지
거부하고 수사권, 기소권은 저희가 끝까지 고수했었어야 되는 부
분이에요, 사실은. 그 부분은 지금도 많이 후회가 되죠.

면담자   그래서 결과적으로 11월… 2014년 11월 7일에 특별
법이 국회 통과돼서 현재 시행되고 있는 특별법이 확정이 되게 됩
니다. 그리고 11월 초 팽목항에서 수색이 중단되죠. 그래서 뭐 이
거를 뭐 꼭 같이 묶어서 인식할 필요는 없지만, 어쨌든 아이를 잃
은 가족들의 입장에서는 한편으로는 충분히 마음에 충족되지 않는
특별법이 확정이 돼버리고 또 한편으로는 미수습자가 아직도 있는
상태에서 인제 아이들을 수색하는 일조차 중단되어 버립니다. 그
래서 2015년 말은 참 암울한 시기 아니었을까 싶은데요. 그때 심경
이랄까요. 어떠셨는지요?

동혁 아빠   그 수색 종료는 2014년 11월 11일이잖아요. 재작년
이죠. 올해가 2016년이니까. 재작년.

면담자   네. 같은 2014년 말에 일어난 일입니다.

동혁 아빠   저희 집사람하고 '수색 종료한다'라는 그런 어떤 매
스컴이나 뉴스를 통해 확인은 했지만 '아 인제 끝났구나' [싶었어요].
왜 특별법도 제정이 됐고, 쓰레기 같은 특별법이 제정이 됐잖아요.

전혀. 뭐 저희로서는 기대할 수 없는 특별법이 제정이 됐고, 실종자 아홉 명이 있는데도 불구하고 11월 11일 날 수색 종료 발표가 나고…. 딱 그냥 느낀 게 '아 끝났구나' 그냥 그 한마디… 단어 하나였고요.

그럼 앞으로 우리가 어떻게 해야 될까에 대해서 사실 동혁 엄마랑 얘기를 많이 했었어요, 그때. "이 특별법을 가지고 잘만 하면 뭐 그나마 잘 해가지고 조금이라도 좀 밝혀야 되지 않겠나. 조금이라도 밝히려면 어떻게 해야 되지?" 그런 얘기를 참 많이 했었어요.

그러다 보니까 그때 당시에 저희가 간담회를 다니기 시작했잖아요. 11월 달 정도면 간담회를 하기 시작했던 [시기였어요]. 간담회 나가면 항상 했던 말이 그거죠. "아직 세월호 안에 아홉 명의 실종자가 있다. 그분들은 어떻게 할 거냐? 그럼 어떻게 해서든지 우리는 뭐 SNS를 통하건 뭐 피케팅을 하든 알려야 된다. 알려서 그분들을 찾아야 된다"라고 하면서 저희가 주장을 했던 게 "그럼 인양을 빨리 하자", 그때 대안이 그거였어요. 저희 대안이 "인양을 최대한 빨리 하자"[였는데] 근데도 불구하고 얘네들은 그 업체 선정하는 데만 몇 개월 걸리죠. 그렇죠? 그리고 선정하고 나서 바로 또 작업이 안 들어갔죠. 계속 딜레이[지연]를 시키지 않습니까. 그런 상황 속에서 인제 얘네들의 민낯을 또 자꾸 보게 되는 거죠. 얘들이 의도하는 게 뭔지 자꾸 보이더라고요. 절망……이었죠, 절망적이었죠. 절망적… 저희는 사실은.

면담자   2015년 4월에, 그러니까 11월쯤에서 보면 5개월 이상이 지난 후에 4월 말이니까 4월 26일입니다. 세월호 인양을 정부가 공식 발표합니다. 그러니까 그 5개월 시간 동안 수색만 중단되고……

동혁 아빠   아무것도 한 게 없었죠.

15
공인에 대한 생각

면담자   인양 등과 관련된 얘기를 할 때 꼭 여쭙고 싶은 것인데요. 이주영 전 장관에 대한 기억이 어떠신지요?

동혁 아빠   제가 그분하고는 회의도 같이 했었었는데, 팽목항에서. 딱히 뭐 어떤 기억에 남는다든가 사실 그런 부분은 없는데. 가장 저는 그 뭐라고 기억이 남는 게 동혁이를 찾기 전에 22일 날 밤에 팽목항에서 대표회의를 했는데 그때 이주영 장관이 있었었어요, 그 자리에.

근데 제가 그 자리에서 질문을 하나 했었어요. 어떤 질문을 했냐면, 그전에 아이들을 찾아가지고 계속 119 구급차를 타고 안산까지 올라온 거예요, 한 5시간을. 근데 몇몇 부모님들이 하는 말씀이 아이가 바로, 숨을 안 쉬는 아이가 앞에 있고 엄마, 아빠가 바로 여기 앉아서 가는 거예요. 5시간을 보고 간다 생각을 해보십시오. 그건 지옥이에요, 지옥. 그렇죠? 더군다나 그 상황에서 그 당시에

막 낮에 올라가신 분들 같은 경우에는 냄새가 나는 거죠. 그런 어떻게 부모님들한테 그런…… 너무 잔인해요. 이… 나라가 너무 잔인해요. 그래서 제가 그랬어요. "이런 이런 문제점이 있는데 당신이 어떻게 해결을 해줄 거냐?" 그랬더니 이주영 장관이 하는 말이 뭐냐면 "바로 응급차[운구차] 지원하고 택시 한 대씩 지원해 드리겠습니다, 가족들한테"[라는 거였어요]. "알겠다" 그러고 밤 12시에 제가 팽목항에서 회의를 끝내고 넘어왔어요, 체육관으로.

그니까, 넘어오니까 집사람이 저보고 샤워를 하라는 거죠. "미쳤냐"고, "왜 샤워를 하냐?" [했더니 그래도] 샤워하래요, 동혁이 나올 거 같다고…. 그래서 새벽에 1시에 씻고 잠깐 눈 붙였는데 진짜 동혁이가 나온 거예요. 제가 두 번째 구술 때도 말씀드렸지만, 그래서 갔는데 전혀 이주영 장관은 분명히 회의 때 얘기했는데도 불구하고 싸우고, 싸우고, 싸워서 그때 응급차[운구차]가 운행이 된 거죠.

그 기억밖에 없고요. 사실은 이주영 장관에 대한 기억은, 그 사람 역시 정부 편일 수밖에 없잖아요. 그 사람도 눈치를 볼 수밖에 없는 또 위치고 자기 마음대로 할 수 있는 게 없었잖아요, 그 사람 역시도.

면담자   어쨌든 팽목과 진도체육관에서 다른 부처 장관들하고는 비교할 수 없을 만큼 이주영 장관에 대한 유가족분들의 상대적인 신뢰가 있었던 걸로 기억을 합니다. 그랬는데, 인제 2014년 11월이었을 거로 기억을 합니다만 이주영 장관이 수염을 싹 깎고….

동혁 아빠   예, 예. 원래 자기 모습으로 찾은 거겠죠.

면담자   정치 일선에 복귀하는 것이 인제 뉴스를 통해서 많이 방영이 됐는데 그때 소회는 어떠신지요?

동혁 아빠   역시나, 저도 '저 사람도 정치인이구나. 어쩔 수 없는 정치인이구나…'. 그러니까 배신감이라고 해야 되나요. 가식적이었단 게 느껴지는 거죠. 그 진도에서 머물면서 가족들하고 회의하고 했던 거는, 그 자리에 있으니까 본인이 해양수산부 장관이잖아요. 어쨌거나 직접적인 연관이 있는, 세월호 침몰하고 직접적인 연관이 있는 부서에 장이잖아요. 의무감에 했었던 거죠, 그 사람은. 그렇게밖에 안 느껴지는 거죠. 딱 수색 종료가 되고 복귀를 하자마자 말씀하셨지만 수염 딱 깎고 정치판에 나타나서 결국은 원내대표 본선에 나갔어요, 그렇죠? 그 사람 역시 이 나라 국부[대통령]와 다를 게 없구나. 예, 입으로만 우리 가족들 위하는 척, 아파하는 척만 한 거지….

면담자   좀 느닷없는 새로운 질문입니다만 김병권 위원장 등의 대리기사 폭행사건의 진실이 뭐라고 보시며, 또 그 일에 가담이 된 김병권 위원장 등과 김현 의원에 대해서 어떻게 생각하시는지 한꺼번에 말씀을 좀 해주시죠.

동혁 아빠   제가 처음으로 좀 아쉬움이 남는 그런 대목인데, 사실 그 부분이…. 그 사람들이 공인이 아니었다면 상관이 없어요. 왜 실수할 수도 있고, 사람이 잘못할 수도 있는 부분이에요. 근데 그네들은 공인이에요, 어쨌거나 그 상황에서는. 더군다나 부모님들 대표하는 위원장, 부위원장이에요. 그게 고의가 됐든 그 사람들이 계획적으로 접근을 해서 그런 상황을 만들어졌든지 간에 일단은 거기에 얽혀 있다는 것 자체가 그 사람들은 어른답지 못하다는 거죠, 제가 봤을 때는.

사실 그 일로 인해가지고 여론도 급속도로 악화됐어요, 사실은. 그럼에도 불구하고 그 사람들은 부모님들한테 정말 머리 숙여 사죄해야 되는 부분이거든요, 그 부분은 정말. 근데 결국은 안 했죠. 제가 봤을 때는 미안해서 정말 미안해 가지고 부모님들한테 사죄한 게 아니고 형식적인 사죄밖에 안 했다는 거죠. 그러고 나서 그 후로도 하는 행동을 봤을 때 저 사람들 정말 미안해야 되는 [데]··· 이게 맞나 싶을 정도로 너무 당당하더라고요.

예, 근데 그 일로 인해가지고 우리 부모님들은 굉장한 동력이 사실 떨어졌거든요. 그때 당시에 그걸 다시 수습하는 데···, 결국은 수습도 다 못 했지만 엄청난 고통과 인내를 겪었거든요, 사실은. 심지어 간담회 가면 그런 얘기를 꺼내요, 질문으로. 그러면 간담회 하시는 분들 난감해할 때 사실 많았거든요.

면담자　　　그 사건의 원인이 뭐라고 보십니까?

동혁 아빠　　　제가 볼 때 일차적으로 '현직 국회의원하고 술을 마셨다는 자체가 저는 잘못했다' 생각을 합니다. 왜? 그 사람이 위원장으로 있을 때 본인 입으로 한 말이 있거든요. "정치 중립을 지켜라", 본인이 그렇게 얘기해 놓고 본인은 현직 국회의원하고 술을 마셨다는 거 자체가 저는 사실은 이해를 못 해요. 그리고 술 먹은 것까지는 좋습니다. 먹고 나면 조용히 집으로 와야죠. '설령 시비를 걸어온다 해도 그 정도 컨트롤을 못 하고 자제를 못 할 정도면 그 사람이 문제가 있는 거'라고 저는 생각을 해요. 〈비공개〉

16
안산에서 팽목까지의 도보 행진

면담자   2015년 초가 되면 인양을 위한 분위기가 조성이 됩니다. 그래서 1월 말에 정확하게는 1월 26일에서 2월 14일까지인데, 세월호 인양을 위한 19박 20일 도보 행진이 안산에서 팽목까지 이루어지죠. 거기는 직장을 다니셨기 때문에 참여는 못 하셨을 거 같네요.

동혁 아빠   중간에 인제 저희 반 1박 2일 때는 참석을 했고요. 전 구간은 참석 못 했죠.

면담자   그때 참석했을 때의 어떤 그 광경이랄까, 또는 참석하면서 느끼셨던 거… 그거에 대해서 좀 말씀을 해주시죠.

동혁 아빠   저는 이 고마운 일인지 감사한 일인지 사실 잘 모르겠지만, 제가 인제 도보한 구간이 사실은 담양에서 광주였거든요. 분위기 자체가 영남권하고는 확연하게 틀려요[달라요]. 1년이 지난 그 시점인데도 불구하고 광주분들은 나와서 응원하고 박수쳐 주고 누구하나 차가 막힌다고 짜증내고 화내고 하셨던 분들이 하나도 없으셨어요. 그 정도로 그 광주라는 지역은 굉장한 아픔을 가지고 있는 도시잖아요. 그래서 그런지 몰라도 그 시민들이 너무 따뜻해요, 광주는. 물론 100프로는 아니겠지만 대부분의 분들은 너무 따뜻하시더라고요. 그래서 저는 그 담양에서 광주 도보할 때 되게 행복했었던 거 같아요, 그냥. 힘들고 뭐 마음 아프고 가슴 아팠던 거보다는 되게 따뜻하고 행복한 그런 도보였던 거 같아요, 제 기억으로는. 〈비공개〉

17
특별법 시행령 폐기를 위한 부모들의 삭발식

면담자   2015년 초가 세월호 인양을 유가족들이 강력하게 요청하는 그런 분위기였다가 3월 말이 되면 특별법 시행령이 발표가 되면서 유가족들이 경악을 하게 됩니다. 그래서 음… 특별법 시행령에 대해서 그 당시에 발표를 들으시고 어떤 느낌이셨는지요?

동혁 아빠   어이가 전혀 없었죠, 한마디로.

면담자   조금 구체적으로 말씀을 해주시죠.

동혁 아빠   구체적으로 말씀드리자면 그 특별법 시행령이 시행이 되잖아요, 그러면 그 특별법 제정하고 다를 바 없다는 거죠. '과연 그 시행령 아래에서 우리가 뭘 얻을 수 있을까, 얼마만큼의 진실을 우리가 끄집어낼 수 있을까' 놓고 봤을 때 '없다'라는 거죠. 그래서 저희는 그 제가 가대위에 아쉬운 점이 사실은 그거였어요. 저희가 그때 거부라는 표현을 써가면서 그때 집회도 하고 그랬었죠. 폐기, 폐기라는 단어를 가지고서… 근데 '폐기가 아니고 저는 거부라는 단어를 썼었어야 됐다'고 생각을 해요. "우리는 거부한다"라는 표현을 썼었으면 좀 더 '우리가 투쟁을 하는 데 있어서 좀 더 힘이 있지 않았을까' 하는 생각을 합니다.

면담자　　　바로 이어서 4월 1일 날 배·보상 계획이 발표가 되고요.

동혁 아빠　　　그럴 겁니다. 4월 달 정도로 제가 기억을 합니다.

면담자　　　그리고 4월 1일 바로 다음 날인 4월 2일 날이 51명의 부모가 삭발식을 하시고, 또 동혁 엄마도 물론 그 삭발에 참여를 하셨고요. 그래서 그 삭발 때도 좀 심경이 남다르실 거 같아서… 삭발식에 대해서는 또 어떤 생각이셨는지?

동혁 아빠　　　삭발을 처음에 얘기를 했던 사람이 동혁이 엄마에요. "아빠들이 삭발하는 건 의미가 없다. 엄마들이 해야 된다"라고 주장을 했었는데, 처음에 얘기를 했을 때는 모든 엄마들이 눈 하나 깜짝 안 했어요. "그거 왜 해? 뭐 하러 해?" 늘 그랬어요. 그러니까 동혁이 엄마가 참 많이 힘들었던 부분이 사실 그 부분이거든요. 뭔가 이렇게 의견을 제시하면은 "그거 왜 해?"라고 해놓고 결과론적으로 다 해요. 처음부터 좀 그 말을 공감을 하고 같이 따라가 주면 정말 고맙고 좋고 한데 꼭 그렇지 않더라고요.

그런 상황 속에서 동혁이 엄마 같은 경우에는 미국에 있다 보니까 1차 삭발식에는 참여를 못 했어요. 2차로 분향소에서 하는데, 제가 되게 많이 울었어요. 저는 직장 나가야 되니까 당신은 삭발하면 안 된다, 내가 할 거라고 딱 얘기했을 때 여러 가지 그 만감이 교차하더라고요. 고맙고, 미안하고, 존경스럽고, 안쓰럽고 막 그런 생각들이 막 뇌리에 스치는데, 그 삭발식을 하는데 저희 딸이 뒤에서 영정 사진을 들고 있잖아요. 저는 사무실에서 그걸 봤어요, 팩트TV를 통해서. 그냥 눈물만 하염없이 나오더라고요. 너무 미안하더라고요, 저는.

이 나라는 그냥 단지 내 아이가 왜 그렇게 됐는지 그렇게 하게… 그렇게 되게 만든 나쁜 어른들을 처벌해 달라고 하는데도 불구하고 안 해주고 있잖아요, 이 나라는. '과연 이 나라가 국민을 위한 나라인가 아니면 대통령을 위한 나라인가' 되게 혼란스러웠어요, 저는. 그걸 보면서 근데 결론은 딱 하나더라고요. '뭔가 있다' 딱 그거 하나예요. 그렇잖아요, 도둑이 제 발 저리잖아요. 내가 당당하면은 굳이 숨기고 이렇게까지 할 이유가 없잖아요, 그렇죠?

면담자 　그래서 무엇이 진실인지 그리고 정부를 향해서 구체적으로 어떤 어떤 부분에 대해서 진상 규명을 요구할 것인지 등을 위해서 특별한 연구 작업에 참여를 하셨는데요. 박종대 씨, 그니까 수현 아빠가 진상규명분과장을 맡은 이후 좀 내용적으로 진상 규명에 다가가려는 그런 가족들의 직접적인 노력이 있으셨고 수현 아빠가 진상규명분과장을 그만둔 이후에도 개인적으로 연구 활동을 계속한 것으로 알고 있습니다. 그래서 그 연구 활동에 대해서 우선 좀 이야기하실 수 있는 부분까지만 얘기를 좀 해주시지요.

동혁 아빠   저희가 지금 하는 모임에 대해서 말씀하시는 겁니까?

면담자   포함해서 초기에 어떻게 모였는지 등에 대해서 조금 말씀해 주시면 감사하겠습니다.

동혁 아빠   초기… 그니까 사람이 사람을 소개하다 보니까 연결이 돼가지고 '네티즌수사대' 활동하시는 분하고, 평범한 의사 선생님도 계시고, 평범한 연출가도 있고. 그니까 인제 수현이 아버님이 그 '진실의 힘'이라 그래 가지고 그 한겨레 정은주 기자가 인제 그 세월호에 대한 백서작업을 하기 위해서 자료 정리하는, 수집하는 그런 곳이 있어요. 거기 왔다 갔다 하시면서 자연스럽게 그 연출하시는 분도 만났고, 그 세월호에 관심이 많고 '이거는 뭔가 있다'라고 인제 생각이 드시는 일반 시민분들이 한 네다섯 분들이 모여가지고 인제 처음에 만든 거고….

저는 초창기 때는 사실 없었고요. 초창기에는 없었고 인제 한 3, 4개월 지난 다음에 수현이 아버님 제안으로, 저 역시도 인제 진상 규명에 관심이 많았던 사람이었고, 꼭 진실은 밝혀내야 된다는 사람이었기 때문에 자연스럽게 흡수가 돼서 나가게 됐고요. 거기서 하는 연구 같은 경우에는 저희가 한 여섯 가지로 분류를 해요.

녹취록, 항적도, 해경, 해수부, 감사원, 언론 이런 식으로 이제 나눠 가지고 저희가 문제점, 지금까지 저희가 가지고 있던 자료를 가지고서 수현이 아버님이 그 판결문부터 시작해 가지고, 가지고 있는 자료가 한 22만 장 정도 됩니다.

그걸 토대로 해가지고 인제 저희가 일일이 녹취록 같은 경우는 들어가면서 문제점이라든가 잘못된 부분에 대해서 메모해 놨다가, 예를 들어서 조사신청할 거 같으면 "이거는 꼭 [조사해야 한다], 이거는 아니다, 이거는 얘들이 거짓말했다, 이거는 밝혀달라"라고 하는 거 있으면 조사 신청서[를] 따로 또 저희가 제출하고. 이런 작업을 지금 하고 있습니다.

가장 중요한 게 뭐냐면 지금 정부에서 발표한 에이아이에스 (AIS)[선박자동식별장치] 항적도가 1차, 2차, 3차까지 나왔잖아요. 1, 2, 3차가 모두 가짜인 거 아시죠? 가장 결정적인 근거를 제가 들자면 저희가 그 '둘라에이스호' 선장이신 문예식 선장님을 저희가 직접 만나고 왔어요, 순천까지 내려가서. 그분이 하신 말씀 중에 그런 말씀이 있더라고요. 세월호가 1마일인가 2마일 앞에 있는 데서 있었어요. 근데 그때 당시에 세월호는 이미 에이아이에스가 이미 꺼져 있는 상태였대요. 육안으로만 보인 거지. 그래서 저게 세월호인 줄 몰랐대요. [에이아이에스가] 이미 꺼져 있었어요. 그때는 조류에 의해서 올라가는 시간도 아니었고요, 서 있는 시간이었어요. 근데 꺼져 있는데도 불구하고 정부에서 발표한 에이아이에스 항적도는 어떻습니까. U 자를 그리면서 이렇게 올라가는 것까지 나오잖아요. 근데 이미 에이아이에스가 꺼져 있는데 어떻게 그 에이아이에스 항적도가 나오냐는 거죠? 나올 수가 없는 거지. 그렇죠? 이미 그 자체부터도 이미 조작이라는 거죠, 100프로.

저희는 지금까지 공부하면서 '레이더… 해군 레이더 역시도 마찬가지'라고 저는… 저희는 생각을 하고 있는 거예요. 김어준 총수, 그 김어준의 '파파이스' 보시면은 뭐 최근에 2주 전에 나왔던 그 해군 레이더를 700미터 밑으로 내리면 지형하고 딱 맞아 들어가지 않습니까? 그게 되게 설득력 있는 거죠.

그게 사실이 됐든 사실이 아니든지 간에 그 부분에 있어서 조사를 해달라는 거지… 밝혀달라는 거죠. 예, 그런 어떤 그런 작업들을 하고 있는 상태고요. 앞으로 아무튼 '세월호 특조위 활동이 끝나는 동안만큼은 계속 유지'를 할 생각이거든요.

면담자   침몰의 원인과 그 침몰의 원인에 관여된 사람들이 누구라고 보십니까?

동혁 아빠   그니까 저희는… 저는 장담할 수 없지만 저 개인적으로 '이 나라가 분명히 개입이 돼 있다'고 저는 생각을 하는 사람이고요. 나아가서 국회의원들의 상당 부분도 개입이 되어 있지 않을까…. 저는 꼭 그게 그 김어준의 '파파이스'에서 나온 것처럼 닻을 이용해서 했다는 100프로의 확신은 없지만 어쨌든지 간에 닻을 이용을 했던 뭐 잠수함 충[돌]… 뭐 부딪혀서 그랬든지 간에 어떤… 인위적인 힘에 의해서 분명히 침몰이 됐다는 건… 저는 맞다고 보

동혁 아빠 김영래

는 사람이기 때문에, 여러 가능성을 열어둬야 되고요. 국정원이 개입됐다는 건 정부가 개입됐다는 말하고 똑같은 거 아닙니까? 그러면은 정부 여당 쪽… 국회의원들도 당연히 연관이 되어 있겠죠. 그니까 저는 '어마어마한 진실이 숨겨져 있을 거'라 생각을 해요.

그렇기 때문에 더 화가 나는 겁니다. 지들의 돈과 권력을 위해서 그 꽃도 피어지… 피워보지 못한 아이들 250명을 포함해 가지고 304명을 무참히… 그것도 유례없이 생중계로. 그럼에도 불구하고 어느 누구 하나 잘못했다고 사죄하는 인간[이] 없고, 양심 선언한 인간 하나도 없잖아요. 너무 억울하고 화납니다, 그래서.

면담자   그런 문제를 밝히는 것과 관련해서 세월호 특별법 그리고 특조위 활동에 대해서 저희가 기대를 많이 했다가, 유가족들이 '쓰레기 시행령'이라고 부르는 것이 결과적으로는 5월 6일 날 국회에서 의결이 되고요. 그 직전인 5월 1일 날 시위가 굉장히 인상에 남으실 텐데, 혹시 그 현장에 있으셨는지요?

동혁 아빠   있었습니다.

면담자   안국동에서 캡사이신, 직격탄들 맞으시고, 꼬박 밤샘을 하시고, 청와대 가려다가 막혀서 해산이 되는 그날이고요.

동혁 아빠   그때 또 이렇게 가슴이 아팠던 게, 그때 유경근 씨가 아버님들만 해가지고 밧줄을 갖다가 묶었어요, 목에다 다 연결을 해가지고 그래서 죽자고. 그게 참 인상이 깊었고, 저 또한 그렇게 했고. 그런데도 불구하고 그때 당시에 김광진 의원도 같이 샜어요,

같이 밤을 샜어요. 그분이 얘기해도 일개 그 경찰 뭐 소대장인지 아무튼 뭐 직급도 별로 안 높은 사람이었는데도 불구하고 국회의원이 얘기하는데 아예 대꾸조차 안 하더라고요. 이 나라 야당 국회의원들이 이렇게까지 힘이 없나, 참 되게 씁쓸하면서도 허망하더라고요, 그냥. 진짜 '거기서 다 죽었으면 좋겠다'라는 생각을 많이 했죠. 예, '이대로 죽었으면 좋겠다'.

근데 그걸 SNS를 통해서 본 아이들이 달려온 거예요. 저를 아는 대학생 아이들이 달려와 가지고 거기 와가지고 펑펑 우는데 너무 미안하더라고요, 아이들한테. 이게 뭐냐고요. 이 나라를 짊어지고 가야 될 그 대학생 아이들한테 그런 모습을 보여준다는 자체… 너무 원망스럽더라고요, 이 나라가. 그냥 저는 내 자식[을] 꽃도 못 피워보고 세상 떠나게 만든 이 나라가 싫고, 그나마 살아 있는 아이들, 이 나라[의] 정말 미래인 아이들이 보고 배울 수 있는 게 이거라는 게 너무 안타깝고 화가 나는 거죠.

면담자　　　로프를 목에 건 것은 계획에 있었던 것은 아니었겠죠.

동혁 아빠　　　아니요. 갑자기 유경근 씨가 준비해 달라 그래 가지고 급하게 준비해 와서 그 자리에서 즉석으로 그냥 [했던 거예요].

면담자　　　9월에 세월호 인양이 시작이 됩니다. 그리고 동거차도 감시단도 운영이 되기 시작하는데요. 세월호 인양을 동거차도 산 위에서 망원카메라로 감시하는 것에 대해서 어떻게 생각하시는지요?

동혁 아빠   제 개인적인 생각 말씀하시는 거죠?

면담자   그렇습니다.

동혁 아빠   사실 부모님들 고생시킨 거라 저는 생각을 하거든요. 어차피 야간에 작업이 이루어지고요. 그네들은 등을 지고 작업을 해요. 안 보여요, 사실은. 그러고 물속으로 들어가면 물속에서 뭔 짓 하는지 모르잖아요. 그리고 저 개인적인 생각은 동거차도는 부모님들한테 너무 고생시키는 일이고요. 현재는 저는 '동거차도보다는 교실을 지키는 게 우선'이라고 저는 생각을 해요. 이미 세월호에서 그 증거될 만한 증거물들은 다 뗐잖아요. 이미… 이미 증거인멸 다 했어요. 저는 이 나라를 믿을 수 없기 때문에 얼마 전에 그 유경근 씨가 부산 내려가 가지고, 뭐 닻하고 프로펠러하고 다 보고 왔죠. 그 닻도… 저는 그게 세월호 닻인지 어떻게 압니까. 모르잖아요. 지들이 떼는 모습을 영상으로 찍어가지고 보여준 것도 아니고… 안 그렇습니까? 그럼 과연 증거가 남아 있을 게 없잖아요. 그런 와중에 동거차도에 부모님들이 가 계시는 거 자체가 저는 좀 답답하면서도 안쓰럽죠. '저것보다는 이게 [교실을 지키는 게] 더 중요하고 이게 우선'이라고 생각을 하는데 거기서 고생을 하시니까….

면담자   성과가 없다고 하더라도 아이들이 마지막 있었던 곳에 가까이 가는 것만으로도 충분히 의미 있다고 이렇게 또 얘기하시는 분들도 계세요.

동혁 아빠   그렇죠. 예, 그런 분들도 있겠죠.

18
배·보상 문제

면담자   결국은 8월, 9월에 인제 이른바 배·보상 신청 접수를 시작을 하고요. 바로 9월 말 정도에 인제 국가 배상 부분에 대해서 유가족들이 공식 거부를 하고, 국가소송을 신청을 하죠. 131여 명이 그 당시에 소송을 했는데요. 그런 얘기를 배경으로 해서 두세 가지 좀 여쭙겠습니다. 우선 배상이 뭐고 보상이 뭔지에 대해서 구별을 하고 계신지요?

동혁 아빠   예.

면담자   좀 말씀 부탁드리겠습니다.

동혁 아빠   배상 같은 경우에는요. 저희 아이들이 인제 일할 수 있는 나이를 산정을 해가지고 하루 일당이 얼마 얼마 해가지고 그 나이까지 산정을 해가지고 나오는 게 배상이고요. 보상은 국가에서 주는 위로지원금 플러스 국민성금이 보상입니다.

면담자   액수는 대체로 어느 정도로 주십니까?

동혁 아빠   지금 정부에서 말하는 거는 아이들 그 여유자금까지 포함해서요. 포함해서 8억 2000을 얘기를 하더라고요. 8억 2000이라는 게, 그 배상 같은 경우에는 애들[을] 그 도시 일용직근로자로 쳐가지고 3억 얼마가 되고, 58세나 60세까지 해가지고 3억 얼마가 되고, 그다음에 플러스가 돼가지고 아무튼 4억 2000이었고, 그다음에 보상은 국민성금 2억 5000 플러스 국가에서 주는 위로지원금 5000 해가지고 3억. 해가지고 총 7억 2000이죠. 7억 2000 중에는 저희가 빠진 거죠. 여행자 보험 빠진 거 있고… 그래서 7억 2000.

면담자　　구술증언 남기면서 제가 사적인 얘기를 해도 괜찮을지 모르겠습니다만….

동혁 아빠　　예, 하십시오.

면담자　　동혁이 어머니가 굉장히 사안에 대해서 정확하고 입장이 분명하신 분인 것을 알면서도, 제가 어느 자리에서 동혁이 어머니에게 "국가배상은 거부하고 소송을 하더라도 보상을 받을 권리가 있으십니다. 그래서 가족들이 편하게 보상을 받으시고, 배상과 관련된 싸움을 하시는 게 어떻습니까?" 뭐 이런 말씀을 드린 기억이 있어요. 동혁 아버님의 배상과 보상에 대한 입장은 어떠신지요?

동혁 아빠　　사실은 저도 처음에 그 보상 자체도 어떻게 보면은 가대위에서 그 신청서를 받아줬잖아요. '저 사람들 뭐지? 정부 뭐 대리인도 아니고' [하고 생각했었어요]. 미수습자 가정이 아홉 가정이 있어요. 아이들 네 명이 못 나왔어요. 그 부모님들[이] 과연 유가족들이 그 보상금을 받는다고 생각을 하면 과연 기분이 어떨까라는 그런 생각을 안 해볼까요? 저는… 어쩔 수 없이 받는다[받아야]

되는 부분이라고 그러면은 받아야 되겠지만, 그게 굳이 처음부터 그냥 신청서 받아가지고 가대위에서 대신 [신청]해 주고, 저는 이건 아니라고 생각을 했거든요. 받더라도 충분히 미수습자 가족한테 설명을 하고 그리고 마지막 날 같이 신청을 하면 되잖아요. 어쩔 수 없는 상황이라면 [모르지만], 굳이 그렇게 했다면 그 부분에 있어서는 솔직히 실망을 좀 많이 했고요. 저희 같은 경우에는 뭐 아직 받은 게 없으니까….

그때 당시에는 그걸 받으면은 우리가 진상 규명하는 데 있어서 너무 힘을 못 쓰지 않을까, 모르니까는요. 근데 뭐 많은 변호사님들도 그렇고 주위에서 뭐 말씀하시는 게 "받아도 된다" 얘기를 하니까, '아, 받아도 되는구나' 아는 거지. 사실은 아직도 저는 그게 불안해요. 물론 많은 가족들이 받았지만 받음으로 인해서 우리가 더 힘을 잃는 건 아닌가 [하고]. 사실 그런 불안함은 늘 가지고 있거든요.

면담자   지금 받았다고 말씀하시는 거는 보상… 보험을 포함한 보상 말씀인가요?

동혁 아빠   아니요, 아니요. 배상… 아, 예. 보상이죠, 보상. 그 저기 국민성금 플러스 위로지원금. 국가위로지원금 안 받고 국민성금만 다 받은 거잖아요, 지금.

면담자   네. 그리고 아까 말씀드렸는데 130여 명의 유가족들은 국가배상에 대한 현재 소송 진행 중인 상태고요. 뭐 사실은 이

동혁 아빠 김영래

런 부분도 정확하게 알려져 있지 않기 때문에 제가 좀 확인 차 좀 여쭌 거고요. 또 사적인 부분을 여쭈면 동혁이 친모가 보상금과 관련된 어떤 그 신청이나 이런 것들을 하신 적이 있으신지요?

동혁 아빠　　보상… 배상도 받았는데 보상 신청을 안 했겠습니까? 당연히 했겠죠. 근데 당연히 했는데, 지금 한부모가정 같은 경우에는요, 두 사람 사이에 합의가 없으면 아직 지급이 안 되고 있는 상태입니다.

면담자　　그러면 인제 국가배상을 그 친모가 신청을 했을 경우에도 액수는 아마 반액으로 나누는 거겠죠?

동혁 아빠　　반액으로 나누되 그 국가위로지원금에 있어서 차등이 되는 거죠. 거기서는 인제 제 몫하고 저희 ○○이 몫하고 제가 가지고 오니까. 거기서 조금 차이가 나니까 아마. 전체적으로는 한 뭐… 뭐 2, 3, 4만 원 정도 차이가 나겠죠, 그 부분에 있어서는. 근데 배상에 있어서는 50대 50이 됩니다, 무조건 법적으로.

면담자　　그러면 동혁 아버님이 동의를 안 하시면 친모가 국가배상을 못 받는 건가요?

동혁 아빠　　아니요, 아니요. 그거는 저랑 동의와 상관없이 무조건 5대 5기 때문에 5에 대한 거는 가져갈 수 있어서 가져갔습니다. 이미.

면담자　　보상금은 어떻게 하셨습니까?

동혁 아빠   보상은 일단 둘이 협의가 안 되면 지급이 안 되는 상태기 때문에 지금 '사랑의 열매'[사회복지공동모금회, 기부성금 등을 총괄 관리하는 특별 법인]에서도 아직까지도 논의 중에 있어요, 그 부분에 있어서는. '양육 기간, 양육한 사람이 우선 순으로 해가지고 지급[을]… 더 해야 된다', 그런 상태인데 아직 결정 난 게 없기 때문에 아직은 뭐 제가 알고 있기로는 38가정 정도가 지금 미지급 상태인 걸로 알고 있습니다.

면담자   그러면은 동혁이네는 국가배상은 동혁 친모가 50프로를 수령을 해간 상태고, 보상금과 관련해서는 동혁 아빠, 동혁 친모 누구도 돈을 수령한 바가 없는 상태이시네요. 감사합니다. 좀 여쭙기 어려운 대목인데 제가 좀 여쭸고요. 정확하게 답변을 해주셔서 감사드립니다.

19
교실 존치와 교육에 대한 생각

면담자   교실 존치 이야기를 좀 간단하게 좀 여쭙고 싶은데요. 아이들 2학년 교실과 교무실 한 개가 왜 반드시 남아야 된다고 생각을 하셨는지요?

동혁 아빠   제 개인적인 생각은, 솔직한 소견은 반드시 남아야 된다는 생각은 아닙니다. 단지 그 교무실과 교실은 선생님들과 아이들이 숨 쉬고 뛰어놀고 공부했던 공간이에요. 보존할 수 있으면 당연히 보존해야죠. 저의 입장에서는 그렇지만 그렇다고 또 저의 입장만 또 내세울 수는 없는 상황이잖아요. 계속 매년마다 또 신입생들이 들어와야 되는데, 그러면은 과연 그거를 저희가 나서 가지고 이렇게 해달라 이렇게 해달라 해줄 수 있는 거는 아니잖아요. 저는 개인적으로 '단원고등학교하고 경기도교육청에서 알아서 해줘야 될 문제'라고 저는 생각을 하거든요.

근데 단 한 번도 단원고등학교에서는요, 우리 아이들을 위해서 교내행사에서는 묵념조차 한 적이 없다 합니다. 그리고 선생님들 중에 단 한 명도 노란 배지 달고 다닌 사람이 없어요. 학교에서 단 한 번도 아이들 위해서 추모 행사나 아무것도 한 거 없어요. 이게 현실입니다. 정말 나쁜 사람들이에요. 그렇기 때문에 저는 개인적으로 교실 존치가 되면 저도 좋죠. 내 아이가 공부했던 곳을 보존할 수 있다면 저도 좋죠. 그 현실적인 대안을 단원고등학교와 경기도교육청에서 내놔야죠. 그 교실을 정말 조금이라도 존치하고 싶은 마음이 있으면 어떻게든 교실을 늘려가지고 그 교실을 보존을 해주길 원하는 거고요. 그게 꼭 안 되더라도 '학교 어디엔가 우리 아이들을 기억하고 우리 아이들이 생활했던 공간이 남아 있다면 그걸 만들어줘야 될 책임이 있지 않을까?' 저는 그렇게 생각을 합니다.

면담자　　　이어서 여쭈면, 참사가 일어나기 전에 학교가 아이들을 어떻게 교육해야 된다고 생각하셨으며, 앞으로 아이들에 교육은 어떠해야 된다고 생각하시는지를 합쳐서 말씀해 주시죠.

동혁 아빠   그전에 학교에서 뭐 아이들 가르치는 거는 늘 뭐 인문계 고등학교 아이들이 하듯이, 어쨌거나 진학이 우선이었으니까는요, '저희도 그게 당연하다'고 생각을 했죠. 그래서 뭐 어떤 공부 프로그램이나 이런 게 있으면 적극 아이한테도 권유를 했던 부분이었고. 그게 또 최선이라고 생각을 했던 바보 같은 엄마, 아빠였죠. 4·16이 일어나고 나서 학교에서… 저는 그래서 지금 ○○이한테 그런 얘기를 해요. "공부? 아빠는 공부보단 인성"이라고, "앞으로는 니 스스로 어떤 일이 벌어져도 니 스스로 판단을 하라"고 해요, 저는. 그러면서 우리 아이한테 항상 하는 말이 "너도 인제 어른이다. 너도 알 거 다 아는 어른이야. 어떠한 위기 상황이 됐든, 어떤 급박한 상황이 됐든, 그런 일이 닥치면은 못된 어른들 말 듣지 말고 어른이 가만히 있어라 해도 가만히 있지 말고, 니 스스로 판단해 가지고 니가 위험하다고 생각하면은 그 위험함에서 벗어나라" 저희는 그렇게 가르치고 있습니다, 지금.

면담자   물론 모든 선생님은 아닙니다만, 선생님들의 그 아이들을 대하는 어떤 태도에서부터 시작해서 선생님들의 교육방식 전체에 대해서는 현재 어떻게 생각하시며, 무엇을 좀 요구하고 싶은지요?

동혁 아빠   지금 현재 단원고등학교 선생님들 말씀하시는 건가요?

면담자   네.

동혁 아빠   일단은 선생님들한테 원하는 거는요, 교장선생님이 됐든 교감선생님이 됐든, 그 사람들 눈치 안 봤으면 좋겠어요. 본인 소신대로 아이들을 가르쳤으면 좋겠고요. 본인 마음 가는 대로 느낌 가는 대로 아이들에게 옳고 그름이 뭔지에 대해서 좀 가르쳐 주셨으면 좋겠어요, 저 개인적으로는. 그래서 그 아이들 스스로 판단하고 결정할 수 있는 어떤 그런 책임감을 좀 심어줄 수 있는 교육을 해줬으면 좋겠어요. 진학이 목적이 아니고 단지 공부가 목적이 아닌, 그 아이가 판단하고 결정할 수 있는 자립심이라고 그래야 되나요. 그걸 길러줬으면 좋겠어요, 저는.

면담자   혹시 학교에서 선생님이 ○○이에게 체벌을 한다면 아버님은 어떤 느낌이실 거 같습니까?

동혁 아빠   저는 반대하진 않습니다. '정말 내 아이가 잘못된 부분이 있고, 잘못을 했다고 그러면은 감정이 들어가서 뭐 손으로… 손이 올라간다거나 이건 잘못된 거지만, 종아리 맞는다는 건 저는… 잘못했으면 맞을 수 있다'고 생각을 합니다. 대신에 정당한 처벌이 되어야 되는 거죠. 어떤 개인적인 악감정이나 그런 거에 의해서 아이가 뭐 체벌이 당해지고 그러면은 그거는 잘못된 거지만… '예를 들어서 선생님한테 대들거나 아님 뭐 친구들하고 정말 심하게 다퉜는데 우리 ○○이 책임이 컸다 그럼 저는 체벌 있을 수 있다'고 저는 생각을 해요. '어느 정도에[의] 체벌은 또 아이들한테 좋은 방향으로 갈 수 있는 또 길'이라고 저는 생각을 하거든요,

개인적으로는.

혹시 학교나 국가가 원하는 그런 유형의 사람들을 키워내는 역할을 하고 있다고 의심해 본 적은 있으신지요?

그전에는 전혀 없었죠. 근데 요즘 와서는 충분히 '그럴 수 있다'는 생각을 갖죠. 학교에도 교장 자리가 있고 교감 자리가 있잖아요. 그 사람들은 자기 자리를 유지하고 아님 더 높은 곳을 향해서 또 가야 되니까 그 위에 [있는] 사람들한테[의] 눈치를 볼 수밖에 없는 상황이잖아요. 또 그 위에 있는 사람들은 또 그 위 사람들 눈치를 보고… 이게 올라가고 올라가다 보면은 결국은 정부기관까지 올라가는 겁니다. 그럼 또 정부기관에서 최고 책임자는 누구입니까? 이게 그니까는 악순환인 거 같아요, 악순환.

그러다 보니까 자기 소신도 없고 그냥 남이 가는 데로 가야 되고, 좋은 게 좋은 거라고, 어? "위에 사람들한테 잘못 보이면 찍히면 안 된다". 이 나라 사회구조가 그렇잖아요. 직장도 마찬가지잖아요. 소신 있고 정정당당한 사람은 저 외지로 쫓겨나고 아니면 어떻게 해서든지 나쁜 일 뒤집어씌워 가지고, 어? 회사에서 쫓아내려고나 생각하고. 똑같은 거 같아요, 학교도. 누구하나 정말 정정당당하게 '나는 이래서 이래 가지고 나는 이렇게 해야 됩니다'라고 내세울 수 있는 분들, 그닥 많지 않아요.

특히 단원고등학교는 더 심한 거 같아요, 제가 봤을 때는. 특히 4·16 이후로요. 되레 다른 학교 선생님들은 당당히 리본 달고 다녀요. 교장선생님이 뭐라고 그러면은요, "내가 그 아이들이 안쓰럽고 내가 그 아이들을 기억하기 위해서 내가 달고 다니는 겁니다"라고 당당하게 얘기를 해요. 근데 정작 해야 될 단원고등학교 선생들은 하나도 없어요. 그건 뭘 의미하는 걸까요, 교수님. 그 사람들은 결과론적으로는 그 위에 [있는] 교감이나 교장 눈치를 본다는… 그렇죠? 결론밖에 안 나는 거죠. 그리고 그 교장, 교감은 그렇게 하는 이유가, 또 왜 하겠어요. 그 위에 사람이 뭐 압력을 가한다거나 아니면 뭐 눈치를 준다거나 하면은 또 그럴 수밖에 없는 상황이 되잖아요. 그게 악순환인 거 같아요. 제가 봤을 때는 이 사회의 악순환.

20
도움주시는 분들에 대한 고마움

면담자　　　2014년 8월이었을 텐데요. 한겨레신문사에서 좌담회를 개최하고 아마 제가 사회를 보고, 동혁 어머니가 참석을 했죠.

동혁 아빠　　　아아, 예. 기억납니다. 예예. 성호 엄마하고 창현이 아빠하고 몇 분하고, 예.

면담자　　　재욱 엄마도 같이 했었던 거 같아요.

동혁 아빠　　　아, 그런가요. 네 분이 아마.

면담자　　　그래서 그 한겨레신문사로 갔다가 올 때 아마 제가 차를 같이 타고 오지 않았었습니까?

동혁 아빠　　　그런가요? 정확하게.

면담자　　　예. 그랬을 겁니다. ○○이 태우고.

동혁 아빠　　　아… 그랬나요?

면담자　　　아마 그때가 인제 대학교수인 저를 만나서 좀 가까이에서 이야기를 나눈… 처음이었던 거로 저는 기억을 하는데요.

동혁 아빠　　　예예. 그랬던 거 같습니다.

면담자　　　그때 저를 어떻게 보셨는지?

동혁 아빠　　　사실, 저 교수님 사실대로 얘기해도 됩니까? (면담자 : 예) 저 잘 기억이 안 납니다(웃음). (면담자 : 그래요?) 그때 교수님이 진행을 하셨는지도 기억이 안 나요, 사실 제가(웃음).

면담자　　　질문을 제가 좀 잘… 못 했습니다(웃음)

동혁 아빠　　　아이구…(웃음).

면담자　　　2014년 여름 같으면 특별법 등을 위해서 한창 열심히 싸우시고 그 과정에서 시민운동가라든지 이 문제를 좀 같이 풀고 싶어 하는 그런 사람들을 어떻게 보셨는지요? 물론 의심도 할 수 있고 감사의 마음도 있을 수 있고, 뭐랄까 가까이 있는 어떤 동지감 이런 거를 느끼실 수도 있고, 정반대일 수도 있고 그런 말씀을 좀… 2014년 여름 정도 시점의 느낌을 한번 여쭙고 싶습니다.

동혁 아빠 김영래

그때 당시에 제가 느끼는 거는요. 의심보다는 너무 고마운 거죠. 너무 감사드리는 거죠. 그리고 제 자신이 부끄러웠죠. 제가 그때 당시에 그분들을 보면서 어떤 생각을 했냐 하면 '만약에 다른, 내 아이는 살아 있고 다른 분들이 그런 사고를 당했으면, 나… 나는 과연 저렇게 할 수 있을까?' 사실 그 생각… 자신이 없었던 거예요. 나는 그렇게 못 했겠지. '우리 동혁이가 아빠를 너무 일깨워 줬다'라는 생각이 들면서 너무 그런 분들이 소중했죠, 저한테는.

근데 그게 지나면서 단지 안타까운 게 뭐냐면 그 속에서도 또 편이 갈리고 생각이 다르다고 이간질을 하는 그런 상황이 벌어지고… 그런 게 너무 안타까웠던 거죠. 그러면서 충분히 이해는 해요. 왜, 저희 부모님들 사이에서도 그런 일이 많이 일어나니까요. 오해도 하고, 이간질도 하고, 서로 생각이 다르다고 다투기도 하고…. 그치만은 저희는 그나마 끈이 있잖아요, 자식이라는 끈이. 근데 그분들은 사실 거기서 상처를 받으면 끈이 없잖아요. 왜? 그분들 자식이 잘못된 게 아니니까. 그게 너무 안타까웠던 거죠. 조금 더 지혜롭고 조금 더 융통성 있게 좀 하셔가지고 같은 마음인데, 어쨌거나 같은 마음인데 좀 조금만 서로 배려하고 양보하면 될 거 같은데, 그게 안 되니까 되게 안타까우면서도 되게 존경스러웠어요.

저는 사실 지금도 그래요. 저는 간담회 가면 아직까지도 세월호에 관심을 갖고 "제가 뭘 도와주면 됩니까? 우리가 어떻게 하면 됩니까?"라고 물어보고 같이 피케팅해 주시고 그런 분들 보면 저는 되게 존경스러워요, 사실. 고마움을 넘어서 가지고 업어드리고 싶고, 평생 제가 기회가 된다면 그분들을 평생 보면서 지내고 싶어요. 제 욕심인지는 모르겠어요, 그게. 그런 분들하고 더불어 살았으면 좋겠어요, 저는. 이 사회, 너무 악하고 돈과 권력밖에 모르는 그런 사람들하고 사는 것보다는 정말 그렇게 마음이 따뜻하고… '비록 우리가 가진 거는 없지만 마음이 따뜻하고 대화가 통하고 관심 분야가 비슷하다면 그분들하고 살다 가는 게 백 번, 천 번 낫다'고 저는 생각을 합니다.

면담자   2014년 상황과 비교했을 때, 포괄적으로 진보적인 사람들이라고 칭하겠습니다. 뭐 진보적인 학자, 시민운동가 등을 포함하는 것이죠. 그분들의 4·16과 관련된 일에 참여하는 사람의 수나 강도가 많이 약해졌다고 보시지는 않는지요?

동혁 아빠   많이 약해졌죠, 많이 약해졌죠. 처음 뭐 2014년도 5월, 6월 달 보다 뭐 반 이상 저는… 제가 봤을 때 '반은 줄었다'고 생각을 해요. 실례로 2014년도 5월 달에 첫 안산에서 촛불집회 할 때 3만 명이 모였어요. 지금 많다고 해서 한 얼마나 모입니까? 십분의 일도 안 모이지 않습니까. 그런 게 현실이고요. 이 나라… 국민들의 특징이 그렇잖아요. 내 일이 아니면 금방 잊잖아요. 근데 저는 그걸 전혀 이해를 못 하진 않아요. 저 역시도 그전엔 그랬으니까. 며칠 가슴 아프고 같이 울고 힘들어하다가도 어느 순간이 되면 저는 이미 또 내 생활에 익숙해져 있는 거예요. 그분들도 똑같은 거죠.

그러니까 제가 조금 전에도 말씀 드렸듯이 지금까지도 피케팅 같이 해주시고 서명을 받아주시고, 저희가 간담회 가면 나오셔 가지고 같이 울어주시고… 그런 분들한테 저는 존경스럽다는 거죠. 만약에 저라면 그렇게 못 했을 거 같다라는 거죠. 저야 제 자식 일이고 자식의 억울함을 밝혀야 하는 그런 게 있다 보니까 저는 지금도 싸워야 되고, 앞으로도 싸워야 되고, 죽을 때까지 싸워야 되는 부분이지만, 사실 그분들은 그건 아니잖아요. 그럼에도 불구하고 내 일 같이 그렇게 해주신다는 건, 웬만한 인내를 가지고는 못할 거예요, 아마. 그래서 아무튼 그런… 저도 앞으로 그런 삶을 살아야 되는데, 지금도 사실 저는 제가 100프로 장담을 할 수 없는 부분이라는 거죠. 그 참 그분들 보면 아무튼 저는 대단하시고 어떻게 보면 부럽기도 하고요. 어떻게 보면 고맙기도 하고 감사한 일이죠.

21
광주 재판

면담자　　　또 다른 질문입니다만, 광주법원 재판에 대한 소회를 좀 말씀해 주시죠.

동혁 아빠　　　저는 사실 광주 재판을 제가 참여는 못 했어요. 참여는 못 했는데 SNS나 갔다 오신 부모님들 말씀을 통해서… [제가] 그 자리에 있었으면은 저는… 제 솔직한 마음은, 다 죽였을 거 같아요, 그냥. 그 사람들을 사람도 아니라고 저는 생각을 해요. 사람이라면 저렇게까지 못할 거 같아요, 저는. 사람은 기본 양심은 가지고 있잖아요. 근데 그 사람들은 '기본 양심조차 없는 사람들'이에요, 저는 그렇게 생각을 하거든요. 그 사람들도 자식이 있어요. 부모 형제가 있어요. 지들은 살려고 그렇게 나왔는데, 그 안에 그 아이들이 300명이 넘는 아이들이 있다는 거 알면서도 어느 놈 하나 그 아이들을 데리고 나온 인간이 없잖아요. 설령 그게 위에서 지시한 사항이라고 해도 내 자식이라고 생각을 하면 과연 그렇게 했을까요? 저는 그래서 그네들을 '악마'라고 표현을 해요, '악마'. 사람이 아니다. '감정도 없는 악마'라고 저는 그렇게 표현을 하거든요.

면담자   법원에서 재판이 이루어지면 최종적인 결론은 판사가 내리게 되어 있는데요. 이번 재판을 보시면서 판사에 대해서 어떻게 생각하셨는지요?

동혁 아빠   저는 '그 사람도 똑같다'고 생각해요. 정부 하수인밖에 안 되죠, 그 사람도. 과연 이게 공평한 판결이라고 생각을 하십니까, 교수님은? 제3자 입장에서 보셨을 때 공평한 판결입니까? 저는 되묻고 싶어요. 그냥 평범한 시민으로서 말씀하서 보세요, 저한테. 공평하다고 생각을 하십니까? 옳은 판결이라고 생각을 하십니까?

면담자   본래 구술자만 말씀하시고 면담자는 말을 못 하게 되어 있습니다만, 답을 요구하시기 때문에 음… 옳지 않은 판결이지요. 판사나 검사 모두 책임을 다하지 않는 한국의 권력자들 그대로의 모습을 보여준다, 이렇게 저는 보고 있습니다.

동혁 아빠   그렇죠. 그니까 판사도 그 사람도 똑같은 사람이고 권력을 가진 사람이고, 돈을 가지고 있는 사람이에요, 그 사람 또한. 과연 근데 그 사람이 정의로운 판결을 내렸을까요? 더군다나 압력이 안 들어갔을까요? 저는 '이 나라는 그러고도 남을[압력에 의해 좌지우지되고도 남을] 나라'라고 저는 생각을 하기 때문에, 말도 안 되는 판결이죠, 사실은. 김경일[123정 정장] 같은 경우에는 지금 [징역] 4년[이] 나왔어요. 그 사람은 죄 자체도 묻는 것조차도 저는 아까운 사람이에요. 지 스스로가 양심선언하고 〈비공개〉 해야 될 사람이에요. 제 개인적으로는 그렇게 생각을 해요. 이준석[세월호 선장]이야 말할 것도 없고요, 박기호[세월호 기관장] 다 마찬가지입니다. 저는 이번 청문회에서 그 이영래[대통령 경호실 차장 직무대리]랑 박상욱[해경 경장]이랑 난 그런 인간들이 나와서 그렇게 증언하는 걸 보면서요, 저는 '저것들도 정말 사람일까. 짐승도 저렇게까진 안 할 텐데' 저는 제가 청문회장에 있었으면 정말 진짜 칼 들고 다 찌르고 싶어요. 기본적인 감정도 없고, 미안함도 전혀 없는 거 같아요, 그 사람들은.

22

지금까지 기억에 남은 일과 동혁이가 남겨준 선물

면담자   지금 2월이니까 두세 달 지나면 인제 2주기가 됩니다. 그래서 그 사이에 있었던 여러 가지 일들을 말씀을 해주셨는데 그중에 제일 강하게 기억에 남는 거 한 가지만 댄다면 뭘 대시겠습니까?

동혁 아빠   허… 저희가 싸우면서 말씀하시는 겁니까?

면담자   그렇습니다. 동혁이 장례 지낸 이후를 말씀해 주시면 됩니다.

동혁 아빠   여러 가지 많은데. 이건 아무래도 가장 기억에 남는데 작년 5월 1일 날 집회 1박 2일로 하면서, 아버님들끼리 밧줄도 묶고 행진을 했지만 결국은 막혔죠. 또 그러면서 또 그 이 나라의 정말 또 민낯을 봤고요. 우리 한계가 이거밖에 안 되… 우리가 할 수 있는 일이 이거밖에 안 되는가 싶기도 하고. 그때 너무 허망했고요. 그래도 또 그래도 가야 된다는 마음을 또 다 잡았던 그런 시기였던 거 같아요.

그러면서 되게 안타까웠던 게 그날… 어느 대학생 아이가 경찰 다섯 명한테 들려가지고 나가는데, 저를 붙잡은 거예요. 저를 붙잡으면서 구해달라고 딱 했는데 제가 그 아이를 못 잡았어요. 제가 잡았는데 경찰 한 놈이 저를 때리더라고요. 그래서 그 아이를 놓쳤어요. 그 아이가 호송차에 실렸어요. 창문을 열고 계속 외치는데 경찰 한 사람이 그 창문을 자꾸 닫으려고 그래요. 그래서 제가 막 달려가 가지고 그 경찰 막 밀치면서 하지 말라고 그랬었던 부분인데. 그게 참… 그 아이가 어떻게 됐는지 너무 궁금하기도 하고. 그때 제가 못 잡아준 거에 대한 미안함도 상당히 많거든요, 사실은. 뭐 그렇기 때문에 다른 날도 많은데 그날이 가장 기억에 많이 남지 않았을까 싶습니다.

면담자　　어려움이 하도 많아서 어찌 여쭐지를 모르겠습니다만은 그 어려움에도 지금까지 중요한 역할을 많이 하시고 아픔을 잘 견디셨어요. 그 와중에서 제일 위안이 됐던 것도 한 가지만 기억하신다면 어떤 것이 있습니까?

동혁 아빠　　이젠 뭐… 제 가족이겠죠. 남아 있는 가족. 아까도 교수님하고 잠깐 말씀을 나눴지만 ○○이한테 아빠는 자식이 동혁이 밖… 오빠밖에 없냐고 했던 말과 집사람이 한 말 중에 그런 말이 있습니다. "내가 재혼을 한 건 행복하고 싶어서 재혼한 건데, 당신이 그런 마음[생을 감감하려는 마음]을 가졌다는 거에 대해서 되게 뭐라 그래야 되나, 배신감을 느낀다" 그래야 되나요. 참 그런 말을 했을 때, 되게 미안하더라고요. ○○이한테도 미안하고, 집사람한테도 미안하고. '그때는 왜 내 생각만 했을까. 왜 남아 있는 사람들 생각을 내가 못 했을까'라고 했을 때 부끄럽기도 했고. 그러면서 제가 마음을 다시 잡았던 부분… 그런 계기가 되지 않나 싶습니다. 그때는.

면담자　　　○○이는 사실은 저는 뭐 서너 번 정도밖에 못 보긴 했습니다만, 하는 말이나 하는 행동거지를 봐서 저도 참 자랑스러운 고등학생입니다. 그래서 ○○이 얘기를 뭐 길지는 않아도 되니까 좀 소개를 해주시면 좋을 거 같습니다. 학교생활을 어떻게 하고 있는지 등등 포함해서….

동혁 아빠　　　제 스스로 생각할 때는 '○○이도 동혁이가… 준 마지막 선물'이라고 저는 생각을 해요. 그전에는 되게 내성적이고 되게 깍쟁이 같았고 말수도 별로 없었거든요. 근데 4·16을 겪으면서 너무 성숙해졌다고 봐야 돼요, 몸과 마음이 다. 뭐 몸이야 인제 나이를 한 살 한 살 먹다 보니까 어른이 되어가는 과정이 됐지만, 마음 또한 애가 너무 어른이 됐어요. 엄마, 아빠에 대한 배려, 오빠에 대한 기본적인 도리, 그리고 그전에는 "공부하라 공부하라" 그러면은 그게 잔소리로밖에 안 들렸대요. 근데 요즘 와서는 "엄마, 아빠가 나를 사랑하니까 나한테 공부하라 그러는 거야. 공부하겠습니다"라고 하고…. 그전에는 뭐 이렇게 음식이 있어도 지 먹기 바빴거든요, 근데 지금은 또 안 그래요. 엄마, 아빠 먼저 챙기고 지 먹고 하니까, 하나부터 열까지 다 어른이 됐어요, 아이가. 그래서 어쩔 땐 되게 미안해요. 너무 갑자기 애가 성숙해져 가지고 되게 미안하죠. 그래도 아직은 18살인데, 여고생이잖아요. 그럼 그 나이 또래의 행동을 하고 말을 했으면 좋겠는데, 이미 얘는 벌써 1, 2년

172
동혁 아빠 김영래

사이… 1년 6개월… 7개월 사이 너무 커버린 거예요, 애가. 정신적
으로.

그래서 미안하기도 하지만 저는 좋게 생각을 하는 게, 동혁이
가 그나마… '동혁이가 주고 간 선물'이라고 저는 생각을 해요. 지
금은 예뻐요. 뭐 교수님 말씀대로 예뻐요. 물론 뭐 단점이 전혀 없
는 게 아니니까, 사람이다 보니까 단점도 있지만 전체적으로 너무
예쁘죠, 고맙고.

면담자   동혁이도 형을 굉장히 따랐고, 형도 동혁이를 잃은
이후에 굉장히 많은 그 마음의 변화 등이 있었던 걸로 제가 알고
있는데요. 형 이야기도 좀 해주셨으면 좋겠습니다.

동혁 아빠   음… 그니까 동혁이가… △△이를 처음 만났을 때를
인제 되돌아가면, 형이 생겼다고 되게 좋아했죠, 좋아하고. 심지어
는 형이 다니는 학교[에] 꼭 들어가고 싶다고 얘기를 했었고, 그리
고 인제 만나고 얼마 안 있다가 그 아이가 의경으로 입대를 했거든
요. 친구들한테 그 의경 옷 입고 자랑하고. 우리 형 의경이라고 자
랑하고….

그리고 참 고마웠던 게 둘이 잘 통했던 게 뭐냐면 우리 동혁이
가 고등학교 올라가면서 공부를 해야 되는 시기이다 보니까 핸드
폰, 컴퓨터를 다 반납을 시킨 상태니까, 누구보다 그걸 잘 아는 아
이잖아요, 형이. 그러다 보니까 △△이가 저희들 몰래 가끔씩 동혁
이를 데리고 나가서 PC방 가가지고 게임을 시켜줬나 보더라고요.

그때는 너 그러면 안 된다고 얘기했는데, 지금 와서는 고맙더라고요, 그것 또한. 그 정도로 좀 동혁이가 많이 의지하고 좋아했죠, 든든해했죠. 형이 있다는 것만, 있다는 자체만으로도 되게 든든해했었죠. 친구들한테 그냥 거리낌 없이 자랑하고 했었으니까.

그러다가 인제 동혁이가 그렇게 됐고… 지금 뭐 △△이 같은 경우에는 사실 뭐 적극적으로 할 수 없는 상황이잖아요, 또 사실 걔 위치가. 가끔 인제 엄마, 아빠 걱정 많이 해주고 그리고 〈나쁜 나라〉가 됐든 〈다이빙벨〉이 됐든 보고 와서 제3자 입장에서 평가를 많이 해줘요. "엄마, 이런 이런 부분은 나는 조금은 아니까 이해가 되는데 처음 접하는 사람들은 이해를 못할 거 같아요. 이런 이런 거는 좀 문제가 있으니까 다음에 뭐 영화로 나올 때는 이런 이런 부분은 좀 생각을 해주세요" 그런 조언들을 상당히 많이 해주거든요. 그리고 무슨 일 있으면은 또 운전 다 해주고. 사고 나고 나서도 그 녀석이 □□경찰서 경찰서장 차를 몰았거든요. 근데 그 서장님 배려로 체육관에서 같이 생활했었어요, 동혁이 찾을 때까지. 그리고 부대원 한 명도 상주를 시켜줬어요. 무슨 일 생기면 일을 도와주라고… 고맙죠, 사실은. 되게 고맙고, 우리 동혁이가 되게 좋아했고 잘 따랐던 그런 형이었죠.

면담자　　　그 우리 사회에서 재혼 그 자체도 그렇고, 재혼함으로써 지금 만난 그 두 형제의 관계 등에 대해서 전혀 이해하지 못하고 엉뚱한 추측을 하는 경우들이 참 많은데요. 지금 말씀해 주신 내용은 함께 만나서 살아가는 형제의 진실이 무엇인지 그런 것을 참 잘 표현해 준 그런 말씀이었던 걸로 생각이 됩니다.

23
동혁 엄마 만난 이후의 행복

면담자   동혁이 엄마 만난 이후에 여러 가지 걱정도 좀 있으시고 그러셨을 거 같아요. 그러니까 동혁이 엄마 소생의 아이도 있고 또 동혁이, ○○이도 있고 또 뭐 인제 무려 6살이나 차이 나는 연상연하의 커플이고 그러니까… 동혁이 엄마가 연상이시죠?

동혁 아빠   예.

면담자   그래서 여러 가지 걱정이 있으셨을 거 같아요. 근데 이 참사가 지나고 여러 가지 어려움이 있긴 하셨습니다만, 그런 걱정이 상당히 많이 없어지시고 두 분의 결합과 새로운 가정에 대해서 굉장히 좀 자랑스럽게 생각하시는 측면은 없으신지요?

동혁 아빠   저는 처음 동혁이 엄마 만났을 때부터 사실 그런 걱정은 없었어요, 저는. 워낙 아이들이 좋아했고 제가 봐도 참 잘했어요, 아이들한테. 그래서 그냥 좋은 것만 생각했어요, 저는 사실. 그래서 제가 회사에서 그 교육을 한 번 간 적이 있어요. 2013년도인가… 2013년도로 제가 기억을 하네요. 그때 뭐 [프로그램이] '나만의 내비게이션'이라 그래 가지고, 그 미래에 제가 뭘 하고 뭘 하고 인제 계획을 쭉 세우는 거였어요. 그래서 저 나름대로 계획을 세워가지고 안방 벽에다 딱 붙여놨었어요. 그니까 집사람이 흐뭇해하더라고요. 그걸 향해서 저는 솔직히 달려가는 사람이었고, 지금 4·16 이후로는 그런 걱정 자체가 없다 보니까, 걱정보다는… 참 고맙죠, 고맙고. 아까도 말씀드렸지만 존경스러워요, 집사람이.

아마 집사람이 없이 제가 동혁이를 이런 식으로 보냈다 그러면은 아마, 저는 제 성격을 알잖아요, 폐인이 됐을 거 같은 생각이 드는 거예요. 그래서 그나마 저를 이 자리에 있게 해준 사람이 집사람이라고 저는 생각을 하거든요. 그래서 딱히 뭐 그전에도 크게 뭐 걱정거리는 없었고요, 지금 또한 뭐. 지금이야 인제 걱정거리라기보다는, 앞으로 제가 어떻게 좀 더 내 아이의 억울함을 [풀기] 위해 살 수 있고, 그다음에 좀 이 나라에 너무 힘없고 약한 분들이 많다 보니까, 억울한 분들이 많다 보니까 그분들을 위해서 뭐를 할 수 없을까 하는 생각을 하고…. 그런 일들을 하다가 동혁이를 만나러 갔으면 하는 게 제 바람이죠. 다른 건 없습니다.

면담자   그래도 한번 더 여쭤야 될 거 같은데요. 그럼에도 불구하고 유가족들 내부에서조차 인제 동혁 엄마가 동혁이 만난 지 2, 3년밖에 되지 않았다든지 뭐 기타 등등의 여러 가지 좋지 않은 소리를 하시는 분들도 계셨죠?

동혁 아빠   예, 예.

면담자   근데 저는 현재 그 동혁이네 가족들이 보여주는 모습이야말로 이혼 또는 재혼과 같은 그런 상황들이 개개인의 삶에서는 얼마나 아름다울 수 있는지 그런 것들을 정확하게 보여주는 그런 예라고 보고요. 그래서 어쨌든 두 분 더 힘내셨으면 좋겠어요.

동혁 아빠　　　네, 고맙습니다.

면담자　　　그런 얘기를 이제는 좀 더 당당하게 얘기를 해주셔야 다른 사람들이 많은 교육을….

동혁 아빠　　　당당하게 얘기하더라고요. 저희 동혁이 엄마가 간담회 가서도 재혼 가정이라고 얘기 당당하게 하고요. 자기가 인제 어떻게 해서 이혼을 했고, 어떻게 해서 저를 만났고… 이런 얘기도 하더라고요. 현재 간담회 가서. (웃으며) 저도 뭐… 그게 뭐 그게 뭐… 꼭 저는 그렇게 생각을 합니다. 아이들을 위해서 내가 원치 않는 그런 결혼생활을 한다는 거는 아이들한테도 저는 아니라고 생각을 하거든요. 악영향이라고 저는 생각을 하거든요. 저 역시 그전에는 그런 줄 알고 살았기 때문에 지금 와서 생각하면은 얼마든지 재혼 가정도 행복할 수 있는 권리와 자격이 저는 있다고 저는 생각을 해요.

　　그게 참 고마운 게 뭐냐면, 저희는 그나마 집사람 아들하고 인제 저희 아이들하고 갭이 좀 있잖아요, 나이 차이가. 그러다 보니까 트러블이 별로 없었던 거 같아요. 그것 또한 인제 저는 고마운 거죠. 예를 들어서 나이대가 비슷하면은 굉장히 힘들다고 그러더라고요. 아이들끼리도, 예. 그래서 부부는 사이가 좋은데 아이들끼리 힘들어 가지고 다시 이혼하는 부부들이 상당히 많다고 하더라고요, 그것 또한 제게 주어진 또 복이 아닐까 싶습니다, 그런 부분에 있어서는.

24
앞으로 삶에 대한 바람

면담자   거의 마지막 질문일 것 같습니다. 인제 뭐 언제 될지 모르겠습니다만, 진상 규명이 돼서 우리가 이 싸움을 어느 정도 종식시킬 수 있는 상황이 되었다고 가정을 하시면 그 이후에 어떤 삶을 살아가고 싶으신지 좀 그림을 좀 한번 그려봐 주시면 감사하겠습니다.

동혁 아빠   저는 어떤 기간이 정해져 있고, 그 기간 안에 충분한 진상 규명이 되고, 책임자들이 처벌을 받고, 조금 더 이 나라가 살기 좋은 나라, 안전한 나라가 된다면… 앞으로 저는 직장생활을 10년에서 12년 정도 보고 있거든요. 그니까 정년퇴직하기 전에 저는 직장을 정리하려고 하는 그런 생각을 가지고 있고요. 그 안에 교수님 말씀하신대로 진상 규명이 되고, 조금 더 살기 좋은 나라가 되면 저 개인적으로는 그냥 이 나라에 억울하고 힘들게 사시는 분들을 돕고 싶어요, 저는 개인적으로는.

그래서 그냥 이제 도시에서 사는 게 아니라 조용한 곳에 가서 집사람하고 그냥 조용히 살면서 세상에 억울하게 사는 사람들 도

동혁 아빠 김영래

와가면서 우리 동혁이한테… 물론 없지만… 없지만… 남아 있는 흔적들을 좀 찾아서 그것들을 좀 기록한다거나, 지금 사실 그런 생각을 많이 할[하고 있어요]…. 집사람하고 동혁이만의 기억저장소 같은 거를 저는 만들어주려고 지금 생각을 하고 있거든요. 근데 인제 집사람은… 저는 인제 집에다 해주고 싶은데 집사람은 집이 아니라 밖에다… '우리만 보는 게 아니라 많은 사람들이 볼 수 있는 곳에다 만들었으면 좋겠다'는 생각을 해가지고 사실 그런 부분들도 집사람하고 조율을 하고 있고요. 그렇게 우리 동혁이를 조금이라도 더 그냥 많은 사람들한테 "이런 아이가 있었습니다"라고 하는 걸 보여주고 가고 싶어요.

면담자　　　3차 구술을 좀 너무 오랜 시간 동안 해서 좀 죄송스럽고요.

동혁 아빠　　아닙니다.

면담자　　　여러 가지 중요한 그 말씀들을 많이 해주셨습니다. 소중한 말씀이기 때문에 소중하게 잘 보존을 해서 어느 시기가 되면 그 아버님의 말씀이 사람들에게 잘 전해졌으면 좋겠습니다.

동혁 아빠　　네, 고맙습니다.

면담자　　　너무 감사합니다.

동혁 아빠　　예, 고생하셨습니다.

4·16구술증언록 단원고 2학년 4반 제4권

그날을 말하다 동혁 아빠 김영래

ⓒ 4·16기억저장소, 2019

기획 편집 4·16기억저장소 ┆ **지원 협조** (사)4·16세월호참사가족협의회
펴낸이 김종수 ┆ **펴낸곳** 한울엠플러스(주)
초판 1쇄 인쇄 2019년 4월 1일 ┆ **초판 1쇄 발행** 2019년 4월 16일
주소 10881 경기도 파주시 광인사길 153 한울시소빌딩 3층
전화 031-955-0655 ┆ **팩스** 031-955-0656 ┆ **홈페이지** www.hanulmplus.kr
등록번호 제406-2015-000143호

Printed in Korea.
ISBN 978-89-460-6727-1 04300
        978-89-460-6700-4 (세트)
* 책값은 겉표지에 표시되어 있습니다.